南怀瑾妙解《史记》

原来《史记》要这样读

南怀瑾
讲述

南怀瑾文教基金会
编

人民东方出版传媒
People's Oriental Publishing & Media
东方出版社
The Oriental Press

目录

藏诸名山,传之其人
——《史记》隐藏的密码

002 | 你真的读懂《史记》了吗?
013 | "太史公曰"——史官的品格
019 | 究天人之际,通古今之变
023 | 《史记》列传的深意
028 | 司马迁写史的"眼睛"
036 | 谋略的大原则

司马迁的春秋笔法
——《史记》原来要这样读

040 | 《史记》"八书":了解中国文化的入手处
　　　读历史,由司马迁的"八书"开始 /040
　　　了解中国文化,先从天文开始 /043
　　　古代帝王封禅,到底为了什么? /047

055 | 《五帝本纪》:中国的历史到底有多久?

065 | 《伯夷列传》:"公天下"的文化精神
　　　书读百遍,其义方见 /065
　　　传天下若斯之难也 /072

077 | 《货殖列传》:司马迁的商业哲学
　　　中国经济学的第一篇传记 /077
　　　世界上什么最诱人? /094
　　　《货殖列传》的妙论卓见 /123

141 | 《孟子荀卿列传》:天命与人事

春秋无义战 /141
司马迁写孟子的高明手法 /146
何必羞于谈"利"？ /160

171 |《苏秦列传》：神仙更有神仙著，毕竟输赢下不完
千古人情的嘴脸 /171
苏秦成败得失的启示 /186
苏秦不容忽视的时代贡献 /196
书生本色 /202

216 |《游侠列传》：中华民族的游侠精神
司马迁为什么推崇游侠？ /216
任侠精神与墨家思想 /218

222 |《刺客列传》：善士者不武
荆轲为什么注定失败？ /222
武侠功夫的不动心 /223

234 |《龟策列传》：神龟的命运

| 237 | 司马迁笔下的"方士"：真正的"方士"什么样？

| 240 | 司马迁笔下的"隐士"：中国文化真正的幕后主角

《史记》为何没有单为老子列传？ /240
隐士之道，是帝王学的领导 /243

观今宜鉴古，无古不成今
——读史的正确打开方式

| 254 | 历史是什么？我们为什么要读历史？
| 262 | 为什么把历史叫"春秋"而不是"冬夏"？
| 273 | 研究历史文化的路线，中心就是"身心性命"四个字
| 277 | 中国的文史哲，历来不分家
| 282 | 了解国家未来，一定要中西历史互参
| 288 | 这个时代正是"废兴存亡"的关键

藏诸名山,传之其人
——《史记》隐藏的密码

你真的读懂《史记》了吗？

中国第一部最重要的历史是孔子写的《春秋》。第二部就是司马迁写的《史记》。《史记》是新的创作，后面都是跟着这个来的。一般人《史记》是没有读过几篇的，全部把《史记》研究完的，正式学历史的恐怕也没有几个人。此外就算把《史记》全部读完了，司马迁的思想、司马迁的精神也很难弄懂，这个要特别注意。

所以我常常告诉大家，司马迁写历史，你们叫他历史学家，错了，他不是历史学家，他是个历史哲学家，他是历史文化的一个大导师，他有很好的观点。司马迁的思想是什么呢？重点是集成中国老庄道家文化的观点来的。

刚才我们提到"文章西汉双司马",一个就是司马迁,文学、历史他样样都很高明。但是他本身遭遇到最痛苦的事,受了腐刑,变成不男不女了。原因是李陵投降了匈奴,他说李陵没有罪,他在战场上尽了力量了,投降是不得已的,因此跟汉武帝闹翻了。当然汉武帝非常气愤,处司马迁以腐刑,他心里很埋怨。

他写《史记》,对汉武帝也好,对汉武帝的祖先也好,一点都不客气。汉武帝在世的时候看到了司马迁的《史记》,可是很奇怪的,汉武帝有很大的度量,包容了。譬如司马迁写的《史记》的创作,皇帝叫作"本纪";皇帝以下宰相、诸侯叫作"世家",譬如《孔子世家》《萧何世家》;一般的叫"列传"。可是他写刘邦是"本纪",同时写项羽也是"本纪"。这两个同时抢天下,项羽是一个失败的英雄,假使项羽成功了,不叫作汉朝,也许叫作"楚"了。刘邦成功了,所以刘邦做皇帝,刘邦的传记他叫"本纪",项羽也叫"本纪",这是司马迁的特别。司马迁以后的历史学家，都不及他，对皇帝都是害怕的。司马迁写的这个书，汉武帝是看到的。甚至于写他的祖宗，写刘邦年轻的时候乱喝酒，会骗人，一塌糊涂，都是真的。司马迁一点也没有保留，都清清楚楚写出来了。

司马迁的《史记》很难懂，并不是他的文字难懂。譬如他要骂某某人，在他传记上讲他好的一面，坏的一面不在他的传记上写，而是写在相关人的传记上，所以他的书很难懂。

因此，司马迁完成《史记》的时候，很傲慢地说"藏诸名山，传之其人"。好像说他的《史记》没有人懂，只好把它放到山里头，挖个洞把它埋起来，"传之其人"，将来会有人懂。实际上你看他骂人很有技巧，他说你们这一代人都是笨蛋，都看不懂，你们这一些人没有希望了，不要你们看，后面的人会看懂，叫"藏诸名山，传之其人"。

——《漫谈中国文化》

孔子讲，"知我者春秋，罪我者春秋"。司马迁后来作《史记》，仿照孔子的思想，讲了两句话，"藏之名山，传之其人"，这句话非常傲慢，骂尽了当时这些人，看不懂，本子都不要翻，我只有藏之于名山，将来后代有一个聪明的人，他会看懂。因此人家说《史记》是汉代的一部谤书。可是司马迁很伟大，汉武帝也很伟大，乃至他的儿孙等，都很伟大，没有把《史记》毁了。

司马迁写刘邦跟项羽两个人，项羽传叫本纪，刘邦传也叫本纪，两人虽然一成功一失败，但从某方面说，两人是一样的。这种观念可以说是司马迁的了不起，他也看准了当时没有人懂，因为《史记》很难读懂。譬如说，他写一篇传记，讲那个人的都是好处；而坏的一面，只有与那个人有关系的人传记里才有。所以研究一个人，必须要把那一个时代有关的资料，都要读遍，这就不容易了。

我常常说《史记》不是一本历史，而是一部历史哲学，尤其《史记》的学问重点，不是什么汉高祖、项羽等传记，而是里头的八书。就是关于天文的《天官书》，经济思想的《平准书》，还有《礼》

《乐》《律》《历》《封禅》《河渠》。

此外还有一篇《伯夷列传》，其中有"烈士徇名，夸者死权，众庶冯生"三句话，包括了很多的思想，是讲的人生哲学。"烈士徇名"，一看烈士这个字，不要就想到黄花岗七十二烈士，那就不必研究中国文化了；《史记》的这个烈士名称，是套用古文的，在古文当时所讲的烈士，等于现在所讲的英雄；时代不同，观念也就不同了。

所谓世界上的英雄，"徇名"，为了成名，生命在所不惜；把自己的命像赌钱一样押上，这才够得上称英雄。这个"徇"，等于打牌一样，把命拿出来作最后的赌注。"夸者"是狂人，有精神状态神经质的人，像近代的希特勒、墨索里尼讲独裁的这一批所谓的"英雄"人物，喜欢控制人，喜欢抓权的人。"死权"，为了权力的欲望，可以把自己的命赌上；换句话说，你们要不要成名？要成名就要拿命去拼，拿命去赌。你们要不要权力？要权力，不是坐着就来的，也要拿命去拼，"夸者死权"，算不定最后会当英雄，当帝王。

"众庶"，至于一般老百姓呢？像我们这些普通老百姓，就是"冯生"，不要找我麻烦，只要给我吃得饱，穿得暖，晚上有个好地方睡，这么样活下去就行了。这三句话，就是人生哲学。管你老张来也好，老李来也好，谁来都不要紧，少找我麻烦，少找我交钱，少来按我的门铃，少来检查我，就行了。

在我们的文化历史上，还有个东西需要了解的，就是法家的学问；法家的学问也出于道家。法家是非常残酷的，历史上记载，刑法太严格的法治，就变成一个残酷的时代。所以在中国的历史上，由司马迁开始，把完全讲法治的人，另外归类，列入酷吏这个传记里；酷吏是专用法治的，他们非常之残酷。

看这些法家残酷的法治，有个问题就来了，法家怎么会出在道家呢？道家是讲道德、清静无为，讲慈悲的，为什么会发生如此严重的偏差呢？我们要知道，一个讲清静无为修道的人，一定非常注重道德；因为注重道德，对人对己的要求就非常严格。严格的结果，就是法治的精神。譬如佛家的戒律，我们学佛本来要解脱，一个学佛的人，自己性命也不管了，头发也剃了，衣服也换了，一切都放下不要了；本来还自在的一个人，结果出了家，反而觉得很不自在。为什么？因为必须要守戒律。

戒律是一个道德的规范，对自己要求的严格，管理的严格，于是就产生了法家的精神。所以说，法家，拿整个文化思想来讲，就是戒律；而且是对于整个社会全面的戒律；用之太过呢，就变成残酷了；用之恰当呢，法家就是治世最重要的规范。所以，庄子这里提出来，光"以刑为体"是不行的，还要"以礼为翼"。

——《庄子諵譁》

司马迁的《史记》，写到周武王出兵打纣王的时候，周文王找到姜太公商量这件事，司马迁用了"阴谋修德"四个字，作了定论，说文王与姜太公这两个老头子在一起阴谋，然后才由武王出来起兵，所以武王之伐纣，是预先有布置的，并不是那么简单的。这"阴谋"两个字，就是春秋笔法，微言大义，要读完了《史记》，而且要仔细地读，才可以发现，这两个字就是对文王、武王、姜太公的一个定评。

后来到了明朝，有一个和尚，就是禅宗的莲池大师，写了一首歌，题名"七笔勾"。因为他读了全部《史记》，读到"阴谋修德"这里，对于文王、武王、姜太公等等一笔勾，把圣也者，贤也者，都勾掉了。所以司马迁写完了《史记》，吹个大牛说：藏之于名山，传之于其人。意思说，我写的文章，你们都看不懂，将来终会有人读懂。这是他轻视同时代的那些人，认为那些人都看不出他在文章中所涵蕴的历史哲学。

——《孟子旁通》（中·尽心篇）

古人很多对于汤武的革命抱有怀疑的态度，尤其是司马迁。在《史记》的《齐太公世家》里，他很巧妙地表明了对汤武革命的看法，《史记》之难懂，就在这种高明的处理手法。当他记叙周文王、周武王如何创业、如何兴起时，全篇都是好话，但是他的文章里有块"骨头"，这块骨头没有摆在这里，而是摆在《齐太公世家》里。齐太公就是姜太公，当他遇到文王、成为文王的辅政以后，司马迁用"阴谋修德"这四个字点出文王把道德仁义作为阴谋的手段，说明文王、武王还是假借仁义而已。文王与姜太公两人"阴谋修德"，这四个字，就表明了司马迁的看法，说出了历史事实的真相。他的文章真厉害，好像把一个钉子钉到另一个不受注意的地方。你不把这个钉子找出来，则全篇的关键、整个的观念就搞不清楚了。

不过话说回来，这是历史哲学家司马迁的观点！历史哲学家们所要求的，是站在中国文化的立场，对民族文化的精神负责，所以他是不顾一切的，只为发挥正义而秉笔直书。但是，历史上多少还是有些隐晦的地方，基于私德，司马迁不便作露骨的批评；基于公道，司马迁又不得不说出微言大义。于是他运用高明的智慧、优美的文字以及巧妙的手法，完成了这部巨著。所以，这部《史记》传下来，他敢吹这个牛说"藏诸名山，传之其人"。因此我们读《史记》，必须细心体会。否则，很多关键就忽略过去了，而不能懂得《史记》的真义。

——《孟子旁通》（中·公孙丑篇）

孟子曰："尽信书，则不如无书。吾于《武成》，取二三策而已矣。仁人无敌于天下；以至仁伐至不仁，而何其血之流杵也！"

孟子说，历史的记载并不一定全部可靠。我常说，历史的记载，人名、地名、时间都是真的，很多事实却走了样；而小说的叙述，人名、地名、时间都是虚构的，而故事却常为事实，这是历史与小说的不同之处。正史有时候记的是历史的另一面，所以历史是很难读的。例如读《春秋》，非要把全部《春秋》读完，反复研究，才可找出孔子写《春秋》的精神及历史的背景。又如司马迁仿《春秋》笔法而写的《史记》，也是很难读的，其中汉高祖、项羽的传记，写他们两人好的一面，写得真好，只稍带一点点瑕疵；而真正不好的一面，却写在另外一些人的传记中。所以要看完全部的《史记》，才能懂得《史记》，只看一篇，或若干篇，是无法读懂《史记》的，当然也就不会真懂历史了。

——《孟子旁通》（中·尽心篇）

司马迁作《史记》是一件大事。他当时对汉武帝有些做法是反感的，但又不能不服从。服从嘛，在良心上又不安，他就作《史记》，将自己的思想，容纳到《史记》中去。如记帝王的事，称为本纪，而他将未做皇帝的项羽也列到本纪中去，就是暗示汉高祖与项羽，一个是成功的英雄，一个是失败的英雄。又如《史记》中"世家"本来是记载诸侯和大臣的事，而孔子不是诸侯，也列入世家，司马迁的意思，是孔子有千秋的事业，说孔子的言行思想，影响将及于千秋后世，所以将他列入世家。

——《论语别裁》

"太史公曰"——史官的品格

《史记》用的是传记体,体裁同别的都不同。他用传记体裁,等于写小说,所以我常常告诉年轻人,你要读《史记》,想要懂司马迁写什么,最好也读《聊斋志异》。你以为说鬼话就那么无聊吗?司马迁常称"太史公",实际上是推崇他父亲,因为从他父亲以上,一家都管历史的,同时也表达一个史官的历史责任。蒲松龄写《聊斋》,在每一篇异闻、鬼话之后,他也跟司马迁一样,他自称异史氏。所以想把文章写得好,想做个好的新闻记者,你非读《聊斋》不可,要学会他写故事的手法。他在重要的故事后面常有个评论,就是"异史氏曰",和司马迁写《史记》"太史公曰"一样，这是我们读历史应具的一只眼睛。

司马迁写《史记》用传记体写，我先讲我的故事。我当年年轻，自己认为学问也不错，抗战初期那时二十几岁，在四川成都中央军校教课。这个时候我见到我的老师袁（焕仙）先生。我一生的老师很多啊，唯有这位老师很特别。那个时候人家说我诗词文章都好，又说我文武全才。他听了就说南怀瑾是一条龙，我要把他给收了。这是后来人家告诉我的。

有一天我们两个人谈话，谈到古今中外的学问，谈到历史，谈到写文章，他就很严厉地问我："你读过《伯夷列传》没有？"我说："先生啊，我太熟了，十一二岁就背来了。"他说："嘿！你会读懂吗？"我说："是啊，都背来了。"他那个态度，把胡子一抹，眼睛一瞥："嗯！这样啊！"样子很难看。他这么一讲，我愣住了，我就说先生啊，我们那个时候不叫老师，叫先生。"先生啊，你讲得对，也许我没有读懂。"他就说回家好好读一百遍。我这时心里真的有一点火了，但是还有怀疑，他怎么这样讲呢？《伯夷列传》我很清楚，我现在都还能背得出大半。回去我真的把《伯夷列传》拿出来好好地用心再读，反复思惟，当天晚上明白了。我第二天去看袁先生，我告诉他，先生，《伯夷列传》我昨天回去读了一百遍。他就哈哈笑了，说："不要说了，我知道你明白。"你们读书称呼老师，这就是老师了，这是书院精神，让你自己读通了。这是读书的眼睛，读史的眼睛。

——《廿一世纪初的前言后语》

中国文化、中国历史有四个不可分，我讲了几十年，第一是文史不分，凡是历史学家都是大文豪；第二是文哲不分，历史学家同哲学是分不开的，历史跟文学分不了，哲学跟文学也分不开；第三是文政不分，历代史学家都是政治家，至少在政府里头做过重要的官职，譬如司马迁是太史公，他家祖上三代都是太史公。太史公就是皇帝前面的顾问，掌管天文、地理、阴阳，等于现在的天文气象学，也包括神秘的故事，是大顾问，这叫太史公。所以司马迁自己写历史的评论，"太史公曰"，太史公说的，不是他自己说的哦！也不是他爸爸说的，就推到祖先上去了，评论是这样写的，你读懂《史记》了吗？

——《传统身心性命之学的探讨》

"太史公曰"，太史公是史官，司马迁的父亲也是太史公，"太史公曰"，就是史官的评论，让你搞不清是他父亲的话还是他的话，其实就是司马迁自己的评论。古代做皇帝有两个重要的史官，"左史记言，右史记事"。真正好的时代，皇帝旁边两个太史官不是秘书长，也不是秘书，也像秘书。他又管天文又管气象，同时管记录皇帝的言行。"左史记言"，皇帝你今天讲了一句什么话，错误的也给你记下来。"右史记行"，你今天做了什么事，记下来。以前的史官很厉害的，随时记录，这是中国文化的特点，皇帝旁边有史官随时记录皇帝的言行。

我们历史上好几个史官，皇帝叫他不要记这

个,不行!那是我的职责所在。在春秋战国(《左传·鲁襄公二十五年》)的齐国史官记载,"崔杼弑其君",崔杼让史官不要记,史官不肯,坚持要记,他说我是史官,对不对都要记,要杀就杀。结果被杀。史官的弟弟继位,照样记,再杀。他的第二个弟弟又来继承史官,还要记,他就下不了手了。照样把他记下来,这是历史上有名的。司马迁的职业是太史公,管历史的,也管天文。他父亲管这个,他也管这个。他写文章有个巧,自己要骂人,没有说我要骂人,他说史官讲的,或者我听爸爸讲的,其实都是他自己要讲。

——《漫谈中国文化》

中国古时皇帝身旁跟着一个史官,写起居注,是中国文化特色。他把皇帝每日生活的细节都记录下来,皇帝做错了什么事,要他改记录,他可以不听皇帝的。有的史官宁可杀头也不改,因为皇帝和他都要为历史负责。所以古时的皇帝和大臣都不容易当，因为史官给你下一笔就完了。

——《维摩诘的花雨满天》

　　中国的历史，比较详细的记载是从周朝开始。《礼记》告诉我们，我们这个民族文化很特别，从上古黄帝一直到周朝，史官的职位是帝王封的，但是封成史官以后，帝王不能干涉。所谓"左史记言，右史记事"等，在帝王旁边的史官，左史记言，皇帝及臣子们所说的建议语言，都要真实地记录；右史记事，帝王做了国家大事，或是亲近女色，做了什么事，都如实记下。中国古代史官的权力有这样大，这种体制也是全世界独有的。所以我们研究历史，要"经史合参"。

——《廿一世纪初的前言后语》

究天人之际，通古今之变

我主张今日的青年，欲读古书、谈修养，必须经史合参，四书五经之外还要读史书。如果只读经不读史，就会迂阔得不能再迂；倘使只读史而不读经，那就根本读不懂历史。历史上这些事迹，给我们太多的经验和教训了。

——《孟子旁通》（下·离娄篇）

古人对中国历史研究的方法，有一句话叫"经史合参"。什么叫经呢？就是常道，就是永恒不变的大原则，在任何时代，任何地区，这个原则是不会变动的。但不是我们能规定它不准变动，而是它本身必然如此，所以称为"经"。而"史"是记载这个原则之下的时代的变动、社会的变迁。我们要懂得经，必须要懂得史。拿历史每个时代、每个社会来配合。这样研究经史，才有意义。

——《论语别裁》

我们昨天只提到从古代到春秋战国到汉代为止，汉以后呢？唐、宋、元、明、清每一朝代几百年，它的经济政策怎么样？财政金融政策怎么样发展？你不要看这是历史上的古人的事，如果你读懂了历史，拿现在来看呢，有时完全一样，只是版面不同、形态不同而已。所以我对一般研究学问有个建议，就是经史合参。必须要懂自己国家的历史，历史是人生的经验。四书五经等等，是哲学的重点。光是懂那些原理，不懂历史，不将人生、社会、国家整个的经验融合，那个学问是没有用的，那只是空洞的理论，讲得再好听，没有时间的经验来实证，是没有用的。

——《漫谈中国文化》

经史合参的目的在哪里？就是司马迁的话，"究天人之际，通古今之变"。天，是宇宙物理世界；人，是人道。所以读历史不是只读故事，不是只知道兴衰成败，还要彻底懂得自然科学、哲学、宗教，通一切学问。"通古今之变"，你读了历史以后才知道过去、现在，知道未来的社会国家，知道自己的祖宗，知道自己的人生，知道以后你往哪个方向走。司马迁提出了孔子《春秋》的内涵，也就是"究天人之际，通古今之变"。

司马迁平生有"读万卷书，行万里路"的精神，他写《史记》的时候，也考察了各个地区的有关史料。不过我在这里再加上一句话，一个人要想成就自己的学问，除了"读万卷书，行万里路"，还要交一万个朋友，当然最好是交好朋友，交到坏朋友就麻烦了。

讲到司马迁写《史记》，我给大家讲重要的

"眼睛"了,《史记》比起《春秋》又有不同,他自己创作了一个新的历史体裁,他的精神在八书;不像《战国策》《国语》等史料,各有各的系统。《史记》以后才有班固父子作的《汉书》,后面的历史都照《汉书》的体裁,慢慢衍变,之后有《后汉书》、《三国志》、魏晋南北朝等史书,接着是《唐书》,再有《宋史》《辽金元史》《明史》,清史还没有写好,民国史更没有人写了,还差得远呢。

——《廿一世纪初的前言后语》

《史记》列传的深意

司马迁写《史记》，重点在列传，第一篇写《伯夷列传》，你去看看。照一般写传记，写一个人，譬如说你姓王或姓李，山东人，哪里毕业，做了什么事，讲了什么话，这是传记。但是他写《伯夷列传》，没有几句话。武王那时是诸侯，他起来革命，要出兵打纣王，几百个诸侯都跟着他，纣王是皇帝哦。伯夷、叔齐是孤竹君的两个儿子，读书人。这两个老头子，"叩马而谏"，武王出兵的时候，他们把武王的马拉住了，劝他不要出兵，只有几句话：第一，你父亲文王刚刚死，还在丧服之中，用兵是不应该的。第二，你更不应该去打纣王，他至少是你的天子，你周朝也是他封的，你怎么可以以臣子出来打君长呢？然后"左右欲兵之"，旁边的人要杀这两个老头子，这时姜太公说话了，"此义人也"，你们不要动手，要尊重他们，这两个是中国文化的读书人的榜样，请他们回去，好好照顾着。后来武王灭了纣王，建立了周朝。列传中有一句，"义不食周粟"，等于说，你这样做是"以暴易暴"，不过是一个新的暴君打垮一个旧的暴君而已，所以他们绝不吃周朝土地上生出的任何一颗米，两人饿死在首阳山。这是司马迁为他们所作传记的重点。然后下面都是理论，理论什么？对历史的怀疑，人性的怀疑，宇宙的怀疑，因果的怀疑，你们回去多读这篇《伯夷列传》就知道。从古至今都说"善有善报，恶有恶报，不是不报，日子未到"，为什么天下的坏人都很得意啊？为什么坏蛋造反都有理呢？强权为什么胜于公理？这个因果报应在哪里啊？这是司马迁在这一篇的怀疑，也是对上下古今历史打的问号。

但是这一篇就告诉你，中国文化不赞成这些帝王，做帝王的干什么呢？所以你要去看书了。你看唐朝杜甫的诗，这是讲到历史的参考，这是看历史的眼睛，杜甫写那个唐太宗得唐朝的天下，两句名诗，"风尘三尺剑，社稷一戎衣"，你看多漂亮！换句话说，你唐朝的天下是打来的，你消灭了各路英雄诸侯，最后是你拳头大，当了皇帝，整个的国家就是打来的。毛泽东当然也懂这个，他是熟读《资治通鉴》的，枪杆里面出政权。可是杜甫不是那么讲，杜甫讲得很文雅，"风尘三尺剑，社稷一戎衣"，这是历史的眼睛。

还有唐人章碣的两句诗，"尘土十分归举子，乾坤大半属偷儿"。"举子"，就是考取举人、进士啊这些人，读书人一辈子很可怜，死了埋在泥土里。换句话说，我们这一些读书的知识分子，没有什么了不起，最后归到烂泥巴而已，读书有屁用啊！这个宇宙天下都是用权力与手段骗来、偷来、抢来的。这两句诗就把功名富贵，有钱财的，有权势的，统统批评了。唐人的诗像这样的有不少，这是历史哲学的观点。

——《廿一世纪初的前言后语》

读司马迁的《史记》，就可以看见一篇东西——《货殖列传》。《史记》这部书，在中国历史文化上，有了不起的价值。《货殖列传》就是讲商业家，讲社会工商经济发展的情形。中国文化在过去始终是轻商的，所谓士、农、工、商，商人的阶级，列在四民之末，为社会所轻视，而司马迁特别提出商来，写了这篇。以后中国的历史，才有《货殖列传》的精神，顺便也记载一般经商者的事。司马迁当时写《货殖列传》的动机，是认为工商社会的发展，是关系国家政治的命脉，不能不注意，可是当时不能如此明显提倡，所以他写了《货殖列传》。其中还包含许多褒贬的微词。

司马迁有很多东西是创作，像他又写了《游侠列传》。在过去，人们认为游侠这一批人，作奸犯科——"老子拳头大"，就是那么回事。司马迁却特别写了《游侠列传》，他认为这些人在社会落伍的时候、动乱的时候，道德、道理、人情、法律都没有办法的时候，只有"老子拳头大！"一伸胳膊则没有事了，才可解决问题，所以他觉得这种精神，非常可取，就写了《游侠列传》。

《史记》这部书，研究起来很有趣，中国文化的许多精神，司马迁都在《史记》上点出来了。

——《论语别裁》

司马迁写史的"眼睛"

司马迁写《史记》，不同于《春秋》，《史记》有五种体裁，做皇帝的叫"本纪"。做宰相诸侯的，以及了不起的人如孔子，这些叫"世家"。古人说的世家子弟，就等于现在说的高干子弟，就是这样来的。其他普通一般的，就叫作"列传"。还有"表""书"等体裁。他写《史记》这几种体裁，大都用传记体写，不像《春秋》，他这是首创，在他以前没有，以后大家慢慢跟他学的。

刚才讲列传第一篇，以伯夷、叔齐代表一个高尚的人格道德，然后各种各样的人都有，而且他很特别，《游侠列传》《刺客列传》，什么都写了；乃至写《货殖列传》，做生意的、盗墓发财后来称王的，什么都有，做偷儿、做妓女也可以发家的，他讲得非常白，非常清楚，有各种列传。

司马迁引用孔子一句名言，是讲写作历史的重点——"我欲载之空言，不如见之于行事之深切著明者也"。他说写历史、写文章，如果光讲空洞理论，没有用，他用传记体来写，等于写小说一样，把一个人一辈子的思想、行为、言语，写得明明白白的，让大家看得清楚，这是他写历史的眼睛。所以我们读历史，要经史合参，要学观音菩萨千手千眼，每一只手里有一只眼睛，每一只眼里有一只手，要清清楚楚。

你看他写皇帝，刘邦是《高祖本纪》，写项羽也是本纪，他认为项羽跟刘邦是一样的，平等看待，只有他敢，也只有他做到。后世班固写《汉书》就不敢了，改了项羽的，不叫本纪了。

我再借几分钟时间，讲个"历史眼"给你们听。你们读《资治通鉴》，要有慧眼，要用特别的眼睛看，也可说是用法眼来看。

项羽也是了不起的人物，清末民初有个湖南才子易实甫，他有首诗说项羽：

二十有才能逐鹿　八千无命欲从龙
咸阳宫阙须臾火　天下侯王一手封

"二十有才能逐鹿"，他二十岁时跟着叔父项梁起来打天下，五六年当中打败各路英雄，自认为已经统一中国，号称西楚霸王。"八千无命欲从龙"，八千子弟都是安徽、江苏、浙江一带的人，古称江东，后世叫江南。虞姬也是江浙人，项羽是江淮一带的人，都是南方人。"咸阳宫阙须臾火"，结果打到咸阳，一把火把秦始皇的阿房宫烧了，把秦始皇从天下收集来的图书也烧了。"天下侯王一手封"，厉害的是最后一句，不过二十六七岁，自称西楚霸王，还分封各路诸侯为王，特别要注意，汉高祖刘邦的汉王也是项羽封的。所以说你要看懂司马迁写的历史，他把刘邦、项羽都列为本纪，这是一件事实。

班固后来写《汉书》，就改了，项羽不是本纪，就跟陈胜、吴广一样了,这个问题就很大。刚才讲到文哲不分,文史不分,文艺不分,为了这个问题,我再找出王昙的三首诗,这个要朗诵的,朗诵不是故意学唱哦!我们从小读书都是这样长声朗读的。

江东余子老王郎　来抱琵琶哭大王
如我文章遭鬼击　嗟渠身手竟天亡
谁删本纪翻迁史　误读兵书负项梁
留部瓠芦汉书在　英雄成败太凄凉

"江东余子老王郎",王昙是浙江嘉兴人,乾隆以后嘉兴的一个才子,他文武兼修,自称是项羽江东子弟的后代。"来抱琵琶哭大王",他自己跟项羽来比。"如我文章遭鬼击",他一生不得意,有功名但是不得志,像被鬼打了一样,他看不起这个社会。"嗟渠身手竟天亡",这是感叹项羽空有这样好的本事,最后失败时自叹是天亡我也。下面就讲到历史的转变,"谁删本纪翻迁史",他就骂班固,说司马迁的《史记》是《春秋》的精神,很公平的,你们后来写历史的，专门为皇帝一家的尊严而作，是不公平的。他又感叹，"误读兵书负项梁"，历史上说项羽读书不成而学剑，学剑又不成，自说要学万人敌，读了兵书，辜负了父兄之教训。"留部瓠芦汉书在"，班固后来写的历史啊，专捧汉朝刘邦，是错误的；《汉书》是照《史记》依样画瓠芦，这个历史靠不住。"英雄成败太凄凉"。这是第一首。后面我不详细讲了，你们最好用朗诵的，才懂得文史哲学的精神。

你们翻开另外两首看看：

黄土心香一掬尘　英雄儿女共沾巾
生能白版为天子　死剩乌江一美人
壁里沙虫亲子弟　烹来功狗旧君臣
戚姬脂粉虞姬血　一样君恩不庇身

"黄土心香一掬尘"，去拜奠项羽的庙子，手里没有香，抓一把泥土往案上一放当成香。"英雄儿女共沾巾"，讲了项羽、刘邦的英雄事迹，也讲到他们两个与女人的情爱关系。刘邦最后爱的戚夫人，被大太太吕后砍断手脚，熏聋耳朵，灌了哑药，挖了眼睛，关在厕所中，不成样子。项羽心爱的是虞姬，当项羽最后兵败，八千子弟都死光了，他回头看到虞姬，只有她一个人在他身边。他说"虞兮虞兮奈若何"，你怎么办？现在只剩你我两个了。虞姬听完了以后，就把项羽的剑拿来自刎了。

后来项羽一个人到乌江边上，有个打渔的人要驾船送他过江，项羽不肯上船，他说八千子弟跟我出来都死光了，你若把我送回江东，我无颜面对江东父老。他一个人上马，回头一看，有个汉王的年轻将领，名字叫马童，骑马追了过来。项羽说你不是马童吗？他认识的。马童点点头。项羽说我们一起作过战的，老朋友了，听说汉王讲拿到我的头就可封侯，这个头就送给你吧。所以王昙下一首诗说"枉把头颅赠马童"，是这个意思。没有详细讲完，时间来不及，大概讲讲。读历史最好懂文学，历史很多评注，你们现在读了《史记》，我先抽出王昙这几首诗来点眼。

这首诗请同学朗诵,也让你们知道过去读书是怎么读的。我也可以念,我那个调比较费力,他这个比较通用,我们这里的孩子们都会念这个调子。(同学吟诵)

秦人天下楚人弓　枉把头颅赠马童
天意何曾祖刘季　大王失计恋江东
早摧函谷称西帝　何必鸿门杀沛公
徒纵咸阳三月火　让他娄敬说关中

这是中国人读书的朗诵,所以以前叫"读"书,我们小的时候在书房里,个人也好,同学一齐也好,到五六点快要放学了,大家都要朗诵的。老师坐在上面,看到下面的学生,嗯!念得好,就放学了。所以一到黄昏的时候,就是"一阵乌鸦噪晚风,诸生齐放好喉咙",念得越大声越好。读书最好是朗诵,读历史的古文,也要懂得朗诵,比如苏东坡讲读历史的时候,一边唱一边喝酒,唱到痛快或者痛苦之处,就喝上一大口酒。这也就是我们讲的,读历史、读兵书而流泪,替古人担忧。

——《廿一世纪初的前言后语》

谋略的大原则

我们对于谋略学，该怎样讲法？走什么样的路线呢？我们先看谋略的本身。讲到"谋略"两个字，大体上大家很容易了解。假使研究中国文化，古代的书上有几个名词要注意的，如纵横之术、钩距之术、长短之术，都是谋略的别名。古代用谋略的人称谋士或策士，专门出计策，就是拿出办法来。而纵横也好，钩距也好，长短也好，策士也好，谋略也好，统统都属于阴谋之术，以前有人所说的什么"阴谋""阳谋"，并不相干，反正都是谋略，不要把古代阴谋的"阴"，和"阴险"相联起来，它的内涵，不完全是这个意思。所谓阴的，是静的，暗的，出之于无形的，看不见的。

记载这些谋略方面最多的，是些什么书呢？实际上《春秋左传》就是很好的谋略书，不过它的性质不同。所以我们要研究这一方面的东西，尤其是和现代国际问题有关的，就该把《战国策》《左传》《史记》这几本书读通了，将观念变成现代化，自然就懂得了。

现在再告诉大家一个捷路：把司马迁所著《史记》的每一篇后面的结论，就是"太史公曰"如何如何的，把它集中下来，这其间就有很多谋略的大原则，不过他并不完全偏重于谋略，同时还注意到君子之道，就是做人的基本原则。

研究这几本书的谋略，其中有个区别。像《战国策》这本书是汉代刘向著的，他集中了当时以及古代关于谋略方面的东西，性质完全偏重于谋略，可以说完全是记载智谋权术之学的。这本书经过几千年的抄写刻板，有许多字句遗漏了，同时其中有许多是当时的方言，所以这本书的古文比较难读懂。

左丘明著的《左传》，如果从谋略的观点看这本书，它的性质又不同，定有个主旨——以道德仁义作标准，违反了这个标准的都被刷下去，事实上对历史的评断也被刷下去了。所以虽然是一本谋略的书，但比较注重于经——大原则。

至于《史记》这一本书，包括的内容就多了。譬如我们手里这本《素书》中，就有一个很好的资料——《留侯世家》，就是张良的传记，我想大家一定读过的，这是司马迁在《史记》上为张良所写的传记。如果仔细研究这一篇传记，就可自这一篇当中，了解到谋略的大原则，以及张良做人、做事的大原则，包括了君道、臣道与师道的精神。

——《历史的经验》

司马迁的春秋笔法
——《史记》原来要这样读

《史记》"八书"：了解中国文化的入手处

读历史，由司马迁的"八书"开始

司马迁，大家认为是史学家，我说你们完全错了；司马迁除了写《史记》以外，他的八篇大文章"八书"的学问，包括了天文、地理、经济，什么都有。他是个哲学家，走的是道家的路线。

——《小言黄帝内经与生命科学》

现在讲中国文化难了，譬如一部《史记》，大家读了汉高祖刘邦传以为看了《史记》，再不然在中学背了《伯夷列传》，也以为懂了《史记》，其实连影子都没有！真正中国文化中心在《史记》的"八书"，譬如《天官书》就是中国上古天文学，后来每一代的历史天官都有所沿革，或者叫《天官志》或《天文志》。《汉书》里头还有《五行志》，就是中国物理科学。又譬如"八书"里还有一篇叫《平准书》，就是讲经济学、财政学。

所以"八书"很重要。当然我们普通人不是专家，专门研究历史的人只讲历史，不一定懂得历史哲学和中国文化的传承。后来史书上有《律历志》，是专门研究律历的，也包括天文象数。我也看过一些现在的文章谈中国的律历，他们连影子都还没有摸到，那是与曲子调子都没有关系的。可是要真的懂得作曲子，非得懂律历不可。

——《我说参同契》

中国历史，譬如说继孔子以后的司马迁，写一部《史记》，他历史的精神并不在传记上面哦！司马迁写《史记》的真正代表中国文化不是说《项羽本纪》、刘邦本纪、萧何的世家、什么韩信的列传，这些只是传记而已！他真正把中国文化集中在《史记》里头的"八书"哦！所以有八篇大文章。譬如说《天官书》——中国的天文，从黄帝以来到汉代这个演变；譬如说《平准书》，《平准书》是讲中国的经济学、财政学为什么也会发生的；譬如说《河渠书》，讲中国的地理环境与水利的关系，同整个的国家的大政。所谓《礼书》，这是中国文化。司马迁《史记》有"八书"，我们普通念《史记》只要刘邦（汉高祖）怎么样打天下一读，"哦，我懂了历史了。"——影子都没有！不懂中国历史。

由司马迁的《史记》以后，历代的历史，所谓二十五史，对于司马迁"八书"的精神都保持。所以假设我们读一个唐史或者宋史，你就要看它整个的文化演变。所谓一个文化，并不是故宫博物院那几张画，更不是上台唱两首歌跳个舞的哦！是包括了这样多的。

所以我们讲到历史文化，把司马迁"八书"能够完全了解通了的，不晓得还有多少人。我们现在文化里头这是个严重的问题。那么为什么我讲这种话？希望我们现在在座的青年同学（我们来日无多，算不定要走就再见啦！再见就带走啦！），你们都要努力，晓得文化的根在哪里。读历史，由司马迁的"八书"开始就要注意了，这才慢慢懂得自己的文化。不是说唐宋元明清我都懂，所以我懂中国历史——你影子都没有！这个要注意的。

——《楞严经讲座》

了解中国文化，先从天文开始

要了解中国文化，先要从天文开始，勉强说先要从司马迁的《天官书》读起，要把星座的划分搞清楚。这种天文的学问同我们人体、医药、修道、政治都相关的。我们老祖宗的天文科学本来世界第一，现在是最落后的。

——《我说参同契》

中国文化以天上的星象变化判断人事，非常准确。诸位同学要研究这个问题，顺便告诉在大学研究所的同学们注意，先要读《史记》的《天官书》，其次读《汉书》的《五行志》。我们现在读历史都是通史，其实不大合理，因为历史上重要的东西，真正的历史哲学，现在的历史书上都漏掉了。

譬如《史记》中重要在《礼》《乐》《律》《历》《天官》《封禅》《河渠》《平准》八书。历代史书都有《天文志》，不叫《天官书》，司马迁的《史记》才有《天官书》。我们每一代的历史还有一个《乐律志》，在唐史、宋史，一直到明史，乃至现在出来的《清史稿》都有的。中国在科学上比任何一个民族国家发展都早，因为很早就有了天文科学，天文科学又是以数学为基础的。不过很抱歉，那是祖宗的文化！你看故宫博物院，那是我们祖宗的，你的在哪里？没有呀，拿不出来，这不行啊！现在我们连天文、历律这些都搞不清楚了。

——《我说参同契》

中国历史文化精神都在"历数"，"历"古代叫历法，就是我们现在用的阳历、阴历，等等，这就是历。中国的历法、天文方面的学问发达最早，而中国所用的阴历、干支，等等，代表了一个非常深厚的文化精神。

现在我们所用的"夏历"，就是在夏朝时候创立的历法。在上古史上，中国的天文非常发达，这是中国文化中最了不起的地方，在世界科学史上也是很有名的。谈到科学，天文是第一位，世界科学的发展，最早是先发展天文，如要了解天文，必先研究数学。恰恰这两门科学，中国的天文发展得最早，数学也是最早发展的，尤其发展到像《易经》的数理哲学，实在是精深幽远。可是到了我们这一代最惨了。

这里讲"行夏之时"，现在我们究竟采用哪个历法还是一个问题。如孔子的诞辰，定为阳历年的九月二十八日，等等，究竟对不对，通不通，都是问题。如果讲中国文化，除非中国不强盛，永远如此，我们没有话讲。如果中国强盛起来，非把它变过来不可。这并不是一个纯粹的民族自尊观念，这是一个文化问题。拿中国的土地、中国的历史来比较，中国的文化的确具有世界性的标准。可是现在外国人把它抛弃了，不去说它，我们自己绝对不能抛弃，千万要注意，不可自造悲剧。

所以我们今天谈到对自己国家文化的认识，怎样去复兴文化，非常感慨，问题很多，也很难。为自己的国家，为自己的民族，为下一代，都要注意了解这些问题，还是要多读书。这是我们老祖宗，几千年累积起来的智慧结晶。

孔子主张要"行夏之时"，在孔子的研究，夏历对中国这个民族，这个土地空间上，是最合理的历法。合理在什么地方？这个问题很深了，要研究天文学和《易经》的阴阳学……我们的历法是自夏朝来的，自夏禹以后一直到现在。夏历为什么又叫阴历呢？因为每月的十五日，以月亮自东方出来时是圆的那一天做标准，月亮名太阴，所以叫阴历。那么我们的历法，照不照太阳历？事实上我们一样，五天为一候，三候为一气，六个候一节。一年十二个月，七十二个候，二十四个气节。什么气节种什么农作物，是呆定的，这是用太阳历法的规律。民间最普通的算命、看风水、选日子，等等，也都是用太阳历的法则。换句话说，我们几千年的历史，都是用阴阳合历。

——《论语别裁》

古代帝王封禅，到底为了什么？

中国上古的帝王，尧舜禹曾封禅泰山，封禅就是天下太平了，自己的政治成绩好，老百姓生活安定，帝王登高山向天地祷告，你交给我的任务我做得差不多了，可以告慰天地。封禅是这个意思。

中国文化尊师重道，孔子是老百姓哦，但是皇帝到孔林跪拜，尤其清朝皇帝特别尊重孔子，还行三跪九叩之礼。所以清朝能够维持三百年之久，其中应用的巧妙就很高了。所以我们每年祭孔极为慎重。

外国的学者研究中国文化，说中国上古没有宗教。我说你们是根据"二毛子"的了解，所谓"二毛子"，是说外国留学回来、自己中国文化都不懂的人。青年同学注意哦，中国上古的宗教在司马迁的《史记·封禅书》中写得很清楚，封禅就是宗教的情操、宗教的精神形态统统有了，所以中华民族的文化基础与西方绝对不同。

——《列子臆说》

中国古代统一天下的帝王，最严重的一件大事就是封禅。秦始皇封禅，汉武帝封禅，但历史学家认为这些皇帝都不够格，除了我们老祖宗黄帝，只有尧与舜才有资格去封禅。封禅是干什么？封禅是代表全国的人民，代表全民族，到山东登到泰山绝顶，举行仪式，烧起大火来，表示这个皇帝成功了，有大功德，可以向上天报告，我做了几十年，对得起国家，对得起老百姓，所以可以告慰向上天交卷，可以封禅。

司马迁写《史记》的时候，特别写了一篇《封禅书》。这一篇文章，他列举了我们中国历代的皇帝有资格封禅的；然后讲到秦始皇统一天下，也来到泰山封禅。他到了泰山，一方面封禅一方面求神仙，想求得长生不死之药。秦始皇的封禅有这一个企图，所以到了泰山碰到大雨，在五棵松树下面躲雨，后来就封这五棵松树做五大夫，松树都封了官。据说他虽然没有碰到神仙，也碰到一个人，教了秦始皇鞭地之法，就是缩地法，可以把地缩拢来。如果我们有这个方法的话，到美国去不要买飞机票了，画一个符，念一个咒子，把地球缩拢来，踏一步就到了。这缩地法也叫鞭地法，拿鞭子打地就可以缩拢来，是神通啊！他描写这些讽刺秦始皇，也讽刺了他自己当时的皇上汉武帝，封禅也是不够格的。这几个皇帝封禅一次，那个文武百官的队伍，由河南起到山东，一路的部队连结不断好几个月，那个威风之大，消耗之大！所以司马迁写《封禅书》是讽刺的文章。

外国人讲"你们中国人没有宗教的精神"，其实只要你把《封禅书》一读就懂了，在我们文化里，对于宗教迷信思想，认为是很丢脸的，很没有面子的。司马迁就有这样的看法。但是他并不是反对宗教，他认为真正的上天，真正的道，或者后世讲真正的佛菩萨，并不需要你去封禅，去拜祭的。你真做好人，真做好事，那个神菩萨会来找你，这是真正的天人，真正的佛菩萨。如果你去拜去求，他才来保佑你，这个菩萨已经变成萨菩了，不够资格！佛菩萨、神、天人，无所不照应，善人要照应，使你更好；坏人他也在照应，督促你改过，这是天地之心。司马迁写的是这么一个道理，这个书要如此去读。

——《我说参同契》

讲到祀祷这件事，必须上推三代文化传统的祭祀思想而来，再向上推，应该归到黄帝前后时代，与上古民族留传下来的巫祝，在医学上，用于精神治疗"祝由科"的渊源。根据《书经》学系的文化传统，直到《礼记》中心的祭礼思想，可以了解我们的祖先，在三代以上的宗教思想与宗教情绪，也正如世界各个民族文化的起源一样，都是由于泛神思想与庶物崇拜等观念而来，然后渐渐蜕变，形成一神论的宗教权威。我们的祖先，虽然也与世界各个民族文化的来源相同，先由类似宗教的信仰开始，但是始终不走一神权威论的路线，而且最大的特点，始终把天、神、人三者，在道德善恶的立足点上，永远是平等如一的；并且以崇敬祖先的祭祀精神，与祀祷天地神祇、山川鬼神的仪式，是互相为用的，尤其在周代文化，裁成融会三代文化思想的精粹，建立各种大小祭祀的规范，统以祭祀祖先为中心。所以我们后世对于已故祖宗父母的牌位，一例都叫为神主，由此而建立以"孝道治天下"的传统文化精神，这与世界各民族的文化，都由上古宗教思想学的发源，大有不同之处，万万不可以拿其他文化的规格，随便向中国文化头上一套，那便是张冠李戴，绝对非我文化的本来面目。

由于上古的祭祀天地神祇与山川鬼神的演变，到了唐尧、虞舜、夏禹的时期，便继承先民的思想，以"封禅"山川神祇，为国家民族治平政治象征的大典。可是大家不要忘了"封禅"的真正精神，仍然是以人文文化做本位的意义，为什么呢？因为山川神祇，虽然伟大而崇高，然而不经人间帝王，率领全民意志去崇敬它，"封禅"它，那么，它依然只是一堆山水土而已，"圣从何来，灵从何起"？大家都知道"封禅"思想，在中国上古文化思想中，等于宗教的观念和仪式，可是大家都忘了它的内在精神，却是提高人文思想的真义。唐宋以后，儒家思想所褒扬大人君子的圣贤，与元明之间，民间小说的封神榜，都由这个精神而来。到了秦始皇、汉武帝的玩弄"封禅"开始，这种由传统而来的"封禅精神"，就大加变质，完全不合古制。他们除了表现帝王权力的踌躇满志，借此巡狩四方，用以耀武扬威的意识以外，事实上，确被当时一班祀祷派的道士们，利用他们心理上的弱点，妄求"长生不死"，妄想登遐成仙，要做到道家传说黄帝乘龙而上天的奢望，于是便在历史上记载着秦皇、汉武戏剧性"封禅"的一页了。这一派道士的方术，完全讲究精神与灵魂的作用，利用药物，配合咒语与符箓，借此而锻炼心理意志的统一，引发心灵电感的功能，演出鬼神的幻术，博取野心家，如秦皇、汉武的信仰，使其做出求药寻仙，"封禅"以邀神佑的壮举。他们在这中间，便可上下其手，自饱私囊，如李少翁的招魂、栾大等人装神弄鬼的幻术,不一而足,及其祸弊所及,汉代宫廷的巫蛊大案,就是当然结果的榜样了。后来历史学家,把这一批"道士"或"术士"的滥账,一概记在"方士"名下,这对于秦汉以来,真正的"方士"们,似乎大有不平之处。我们在这里附带地说明一句,中国文化学术思想中,对于精神学、灵魂学与心灵作用等雏形,早在春秋、战国以前,已经普遍流行,只要读过《论语》,孔子讲到"曾谓泰山不如林放乎",便可知道孔子对于"封禅"的观感,王孙贾问曰:"'与其媚于奥,宁媚于灶'何谓也?"子曰:"不然,获罪于天,无所祷也。"等章句,便可知道古代对于家神、灶神崇拜的习惯,由来久矣。

秦始皇重"封禅",汉武帝在"封禅"以外,更喜欢祀拜灶神,同时又相信降神的法语,这便是后世流传到现在的扶箕、扶乩、扶鸾(这三种方法不一样)等旁门左道,相信灵魂存在的传统。我们平常随便开口批判别人为迷信,其实,真正最迷信的人,倒不是愚夫愚妇,实际上,知识愈高的人,愈是迷信，而且批评别人迷信的，在他心理上，正在迷信的臼窠之中，这是一个非常有趣而有深度的心理问题，将来再讲。然而，为什么上至帝王，下至贩夫走卒，都很愿意听信迷信的神话，这是什么道理呢？因为人类知识，始终无法解开宇宙人生的谜底，所以祀祷派的"道士"们，就能在种种心理的空隙上兴风作浪，产生利用的价值，极尽玩人的手法了。现在我们举出司马迁在《封禅书》上所载汉武帝相信神话的迷信现象，足以显见古今中外一律的戏剧，如说："神君所言，上使人受书其言，命之曰书法。其所语：世俗之所知也，无绝殊者，而天子心独喜。"于是便有神仙派的五利将军，"装治行，东入海，求其师云"。公孙卿的奏言"神仙好楼居"，便大兴其土木了。至于秦始皇做的诸如此类的故事更多，你能说秦皇、汉武，不是第一流的聪明人物吗？这种做法与思想，不是第一流的傻事吗？与其聪明绝顶，才会有这样的傻劲，不傻者，未必聪明，这又是一个哲学上的重要课题，在此不必细说。

——《禅宗与道家》

《五帝本纪》：中国的历史到底有多久？

自魏晋以后直到现在，始终存在着两种观念，一是相信传统的历史，绝对崇古而信古的。一是怀疑古代历史的传说，尽量想在古人留下的文化遗迹里，寻找证据，推翻旧说的。时代愈向后来，距古愈远，疑古的观念也愈加浓厚与兴盛。文化与历史，事实上本来是不可分离的一体两面，我们自古以来，素来传说的上古历史，往往是与远古史合一的。但是对于远古史只有传说，有关远古正确的资料太缺乏，所以抱着"述而不作，信而好古"的态度，如孔子，他在整理远古与上古文献的时候，十分谨慎地删定《书经》，断自唐虞开始。关于唐虞以上五帝的传说，只有散见在《大戴礼》与《春秋》的附带叙述之中了。那便是虽然好古而不疑，到底还是需要采取可以征信的资料，因此以虞、夏作为断代的开始。后人再退而求信，便以夏、商、周三代作为标准可信的史料。不过，到了近代和现代，有的采用西洋文化与史学的观点，对此也表示怀疑了，那是另一问题，在此暂且不加讨论。但从孔子开始，虽然断自唐虞为准，而在周秦之际，诸子百家的传述著作中，仍然存疑存信，保留许多自远古与上古相传的历史资料，后来就为道家与道教的思想，全盘接受。而且自两汉以来，从事传经注释的儒家学者，在他的注经观念中，也有许多地方，是明贬暗褒地保存这种传统的思想，究竟我们的远古与上古的文化史，应该确定是如何若何的，我现在站在道家思想的观念来讲，实在很难说。

那么，我们现在再来看看自称为继孔子著《春秋》后，五百年来的第一人，而且还是极其崇拜孔子的历史文化哲学思想家司马迁，在他的著作《史记》的思想系统中，了解一下他对于上古文化史的看法。他虽然在《伯夷列传》上提到："夫学者载籍极博，犹考信于六艺。《诗》《书》虽缺，然虞夏之文可知也。"但非常显然地，他在孔子所传述的六艺以外，仍然不能忘情于其他"极博"的古籍上的传说。所以他在写帝王的世系时，就要为五帝作本纪，而且首先提出黄帝，比起孔子保存三代可以征信文献的观念，又是另一的态度与看法。所以，他在《五帝本纪》的赞里说：

学者多称五帝，尚矣！然《尚书》独载尧以来。而百家言黄帝，其文不雅驯，荐（与"缙""搢"通）绅先生难言之。孔子所传《宰予问五帝德》及《帝系姓》，儒者或不传。余尝西至空峒，北过涿鹿，东渐于海，南浮江淮矣。至长老皆各往往称黄帝、尧、舜之处，风教固殊焉。总之不离古文者近是。予观《春秋》《国语》，其发明《五帝德》《帝系姓》，章矣！顾第弗深考。其所表见，皆不虚，《书》缺有间矣。其轶乃时时见于他说，非好学深思，心知其意，固难为浅见寡闻道也。余并论次，择其言尤雅者，故著为本纪书首。

在他的《五帝本纪》赞里，我们可以看出以他考察所得的结果，"长老皆各往往称黄帝、尧、舜之处，风教固殊焉"，是说明民间老前辈们的传说，处处都提到黄帝，同时，尧与舜的地方，文化风俗的教化遗迹，也各有不同之处，并不完全一致。其实，不但尧、舜的风教，各自代表不同的时代与地方的背景，就是尧、舜、禹三代的风教，也各自不同，并非完全是一贯的传统的，何况夏、商、周呢！

司马迁在《史记》里，虽然提高了历史文化年代的观念，然而后人崇信上古传说的，还是觉得不满足，所以在唐代，便有司马贞为《史记》作补苴，根据道家传说，又写了一篇《三皇本纪》，更从黄帝以上，一再向上高推。如果再看更晚的历史学家，他们采用道家对于历史文化演进的观念来讲，从三皇以下，至伏羲画卦，再降到五帝的开始，少说一点，已经有十二万年的历程，多说一点，可以远推到一百多万年前。后来宋代的邵康节,著《皇极经世》,创立对历史演变的一种新算法,便用他自己得自道家思想的律例,裁定自三皇到唐尧甲辰年止,共该为四万五千余年。我们如要了解道家的文化思想,要了解中国文化历史旧说,请看这些所例举的少数资料,不知大家作何感想?当然啰!你也可以说它为荒谬不经之谈,这是你个人思想上的自由,谁也不能随便说一个"不"字。

——《禅宗与道家》

中华民族的历史最悠久,这是历史学,专讲历史。中国人五千年前就很注重历史了,像《书经》也是记载历史的事,有唐尧、虞舜、夏禹、商、周,虽然数据不够完备,大概都有。《书经》又叫作《尚书》,是经过孔子整理的,在尧前面还有一些,那是属于远古史的范围。讲到我们的远古史,我们祖先的记载,已经有一二百万年的历史了,孔子在整理时认为资料不够完备,所以裁定从帝尧时开始。

后来到了司马迁著《史记》,关于三皇五帝他补了一篇，把上古史补完整。换句话说，司马迁对孔子的这个裁定有点不大同意，不过不好意思表示，所以在《史记》里补了一篇。司马迁只说了一句话，有，都是有，我们老祖宗这些历史，"搢绅先生难言之"，就是说读书人啊，都要讲证据，人证、物证，所以历史上没有文字证据的，知识分子不好意思随便空口讲，所以把上古史变成很隐晦。

——《列子臆说》

"尝观之神农有炎之德，稽之虞夏商周之书，度诸法士贤人之言，所以存亡废兴而非由此道者，未之有也。"

我们中国上古史的神农时代，有炎就是神农，代表一个时代的所谓圣王，也就是我们的老祖宗。普通讲我们中国文化五千年，这已经是打折扣的说法。近七八十年以来，根据西洋的观念，自己再打折扣，变成三千年文化。如果我们研究自己，就是从清朝末年以前算起来，我们已经有一二百万年的历史文化了。因为考据五千年前的事非常困难，所以才从五千年算起。譬如说燧人、伏羲、神农，这一些名称的时代究竟有多少年，不知道。而且我们也出过女娲氏，那时是老祖母统治这个世界。所以我们真要研究自己的上古史，必须要懂得上古的神话史，拿现在人类学的演变来讲，从上一个冰河时期转变到这一个冰河时期，其中有连带的关系。

有关这个问题，我相信五十年后，对整个中国文化历史的看法，不会是现在人的看法，而是有更进一步的研究了。

例如《列子》提到，"尝观之神农有炎之德"，神农氏是我们的老祖宗明王，那一代就是中华民族农业建国的基础。不过，真到了完全农业建国，是到大禹时期，这中间又相差很多很多年。由于大禹的水利完全治好，这个农业立国的基础才奠定了。在世界人类各国建立农业的历史上，中国是最早的。二百多年前的美国建立了农业基础，非常优厚，但是以历史发展来讲，我们这个民族仍是最早的。

"观之"就是看来，我们现在讲，从研究上古史看来。"稽之"就是考据。"虞夏商周之书",神农氏的时代,很难在夏商周时代的史料中找到文字的根据,因为孔子也注重考据,以有文字的根据开始,把我们自己的历史截断,删定从唐尧、虞舜开始。至于唐尧、虞舜以前,多靠神话传述。研究历史要注意,司马迁对于这个观念,在他的《史记》里讲过的,他说上古我们祖先的历史非常悠久,只是数据不全,"搢绅先生难言之",所以讲起来非常困难。

——《列子臆说》

昨天有个从美国回来的学生,谈到他看到一本新出版的书《文明的历程》,他告诉我这本书所论述的某个观点,和我以前对他们讲的思想一样,认为人类文化历史,从上一个冰河时期,就流传下来了。如宗教思想、哲学思想,在上一个冰河时期,人类毁灭的时候,极少数没有死的人传下来的,并不是这一个冰河时期所新兴起。

我们中国文化,向来就是这样说的,所以要中国人讲自己传统的历史,看看古时的人所记载的,有一百二十万年，至少也有十二万年，我们现在讲五千年文化，那是客气话。不过很可怜，现在还不敢吹五千年，只说三千年文化，因为西方文化讲历史，动辄只提两千多年，我们说得太多了，好像不大对似的。在中国古代历史，动辄讲一百多万年……

这是孔子对于时代文化在演变中的一个感叹。他当时研究中国上古文化，就说恐怕以后研究更困难了，史料都丧失了。他还很幸运看到古代历史残缺的资料。举一例说，古代有马的人，借给别人骑，现代对于这一点数据都很难找到了。所以今后对于上古史，无法研究。因此孔子当时把中国的历史，暂时斩断了，整理《书经》时便从唐尧开始，事实上尧以前还有史实的。如果照旧的方式研究，尧以前就有两百万年的历史了，至少至少有一百多万年。自伏羲、神农下来，从黄帝开始到现在是五千多年，从尧、舜开始到现在是三千多年，中华民族究竟上面已经有多少年历史，这很难讲。

……

而我们自己的学者，恨不得把自己国家民族的历史越缩短越好。我们拿旧史来读，就晓得有一百多万年。从伏羲画八卦到黄帝这一段，到底有多少年，还不知道，至少有好几万年。孔子删历史，从唐尧做断代的开始，是因有数据可查的，所以才从尧开始，可是后人对于这一部分数据还怀疑不信。现在这几十年来，我们学说上犯一个疑古的毛病，把自己文化都破坏了。最近全世界的学说，和我们以前一样崇古了，这又看到孔子"述而不作，信而好古"的了不起。现在外层空间科学、星际科学的新发现，很多地方值得注意的。

——《论语别裁》

《伯夷列传》:"公天下"的文化精神

书读百遍,其义方见

> 子曰:能以礼让为国乎,何有?不能以礼让为国,如礼何?

古代的诸侯立国的大原则,是要谦让就位,最后又功成不居,所以老子就说:"功成,名遂,身退,天之道也。"这是上古文化的传统思想,后来儒道两家都奉为圭臬。而中国几千年来历史的事实,每当拨乱反正的时候,都是道家的人物用道家的思想来完成大业的。等到天下太平了,才由儒家的人物出来大讲治平之道。道家的功成身退，而又退得不大好的有两人，一个张良，一个诸葛亮。比较退得可以打八十分的是姜太公，诸葛亮大概可以打六十五分到七十分，因为欲罢不能，只好鞠躬尽瘁了。

　　道家的人不求名不求利，隐显无常，所以更觉亲切可爱。这与西方文化的观念大相异趣。我们看历史上道家的人物，要去考证他们可真要命，他们学问再高，功劳再大，最后还是隐掉了，修道去了。修道以后连自己的名字都不要了，最多报个代号叫什么子、什么老的就算了，有时还装疯装癫，如神龙见首不见尾。近世的西方文化可不然，一个人如果成功了，就要拿什么什么奖金，名要大，利要多，越大越多越好。由此看来，中西文化的确在基本上有所不同。中国文化真诚谦虚的精神，是孔子非常赞成的，他大加赞扬身退之道。尤其他对吴泰伯、伯夷、叔齐等不肯当帝王，最后逃走了的这些人，称扬得不得了。这并不是他鼓励人不要当皇帝，不要搞政治，而是说你有才干的话，就好好干一番，成功了就退隐而不居功。所以孔子在这里感叹,能以礼让为国的人哪里有呢?不以礼让为国,用争夺来的,或用手段骗来的,那么文化的精神就不要谈了。司马迁就根据这个道理,写了一部《史记》,大谈其历史哲学的观点了。

说到这里,想起我以前的一位老师,他是清朝最后一次科举的探花。我学习旧体文写了一篇文章向他请教,他许以在清朝时考一名举人、进士没有问题,我当时也很傲慢,心想前清进士的文章,也不过如此而已。后来碰到一位老师,我把写的诗文拿给他看,他派头十足,瞄一眼,往旁边一搁,响都不响。我心想这是什么道理?后来写了一篇文章,再给他看,又是往旁边一摆,他说:"你怎么会写文章?"我说:"人家还说写得不错哩!"我这个人狂妄得很,我说:"老师,你说哪点不对?不对的,帮我改。"他说:"伯夷叔齐列传你读过没有?"我说:"当然读过呀!《古文观止》上都有,我还背得呢!"他说:"你背过了伯夷叔齐列传,你就懂吗?"我说:"那么,要请老师再加指点。"他说:"你回去。再倒背一百遍，背完了来见我，再告诉你！"这位老师真了不起，我心里很不服气，气得不得了，其实他这种教育法，当时是要刺激我。我回去再看，后来看出道理来了，我去看他，我说："老师，我看出道理来了，我讲给你听。"他笑着说："好！你真懂了，不需要再讲了。你也可以写文章了，这样才能懂历史文化，文中才另有一只眼呢！"这位老师的教育手法是这样的好，实在终生感激不尽。

伯夷叔齐列传真难懂，司马迁的全部思想的纲要都摆进去了。在《史记》中，帝王的传记叫"本纪"；诸侯、宰相等，有功业成就的人的传记叫"世家"；再其次为"列传"，为某人的传记。讲列传，大体上应该和我们现代的传记一样，某人，某地人，家世如何，出身什么，等等。可是伯夷叔齐列传中，叙述伯夷、叔齐的话没有几句，初看起来，还真似"两个黄鹂鸣翠柳，一行白鹭上青天"，不知他说些什么，越说越远。文章一开头是："夫学者载籍极博，犹考信于六艺……"一路下来，乱七八糟，东一句，西一句，伯夷、叔齐的事情，倒是没说几句。

可是他把历史哲学全部的观点，都放在这一篇里。

他同时讲到，上古中国文化，以礼让为国，但告诉我们，尧让位于舜，舜让位于禹，都不是那么简单的。并不是说句"你还不错，由你来做"这样简单，尧让位给舜，舜让位给禹，都经过"典职数十年"，叫他跟着做事做了几十年，做部长，又做行政院长，都做了。考察他，认为他实在行了，然后才让位给他。"传天下若斯之难也"，中国文化公天下个个让位的过程，是这样不容易——德业的建立，需要经过这样长久的考察。他说从此以后没有了，不是你拉过来，就是他抢过去。他说得很明白，因此他说从此以后就有问题了。武王用兵伐纣，"伯夷、叔齐叩马而谏"，把武王的马拉住，告诉武王："你不能这样做。"原因如何如何。武王以后，礼让为国的精神就更没有了。不过说得没有这么明显而已，必须你自己去体会。

所以有人说《史记》是汉代的谤书。实际不止是汉代的谤书，是对中国历史严厉批评的一部谤书。但是司马迁有一个把握，他说要把这部书"藏之名山，传之其人"。这个牛可吹大了，换句话说，他把当时的学者骂尽了。他等于说："你们还能看懂我的书吗？只有把它藏起来，将来会有人看得懂我的书。"

——《论语别裁》

《尧曰》这篇，我们要用另一个观点研究了。《论语》这部书，有些是孔子的弟子记载孔子的言行，到后来的几篇是孔子的门人们，也就是再传弟子的记载，有些是记孔子的话，有些是记孔子的大弟子如子贡、子夏他们的话。至于《尧曰》这一篇，孔子的话仅在最后一点点，而其余完全是讲中国历史文化的精神。应该说这一篇是历史的书，或者归附到五经之一的《尚书》中去，这是讲尧舜之间的历史。至于是不是孔子当时口说的，或者有这种旧资料，孔子当时用来教学生的，这暂不去考虑它，不过其中所讲的，是尧、舜、禹三代禅位，"公天下"时候让位的事情。

为什么要把这篇放在这里？严格研究起来，的确是个大问题，也是中国文化的真正精神所在。第一，为什么《论语》的编排，拿上古史如《尚书》方面的资料放在这里？它的精神何在？又代表了什么？第二，这一篇所讲尧舜之间的传位内容，与《尚书》中的《尧典》《舜典》有相同之处，不过描写得更详细。第三，它摆在这里要看什么东西呢？上面由"子曰：学而时习之"开始，一直连贯到这里，为什么把这样大的东西摆进去？同上面一条一条的对话记载完全不同，这是为什么？如果作博士论文，仔细深入研究，钻到牛角尖一研究，就会发现东西，有它的道理。中国文化所认为的一个儒者，一个知识分子，学问并不是文章，是做人做事。做人做事成功还不算，还要把自己的学问，用出来立人，有利于国家、社会、天下，既然利于国家天下，就需讲究领导人的精神，也就是古代讲的帝王政治。那么帝王政治真的精神在哪里？第四，我曾经再三提到司马迁《史记》的《伯夷列传》，这篇文章，大家都说好，但是光论文章该打手心，并不好读，要通了才晓得真好，司马迁把整个的历史精神，统统写进去，我们也可以强调地说，司马迁的那一种精神，就是根据这里来的。现在我们大概晓得了这几点。如果真写博士论文，还有许多要挖的，有许多值得发挥的。

——《论语别裁》

传天下若斯之难也

儒家在历史上特别推崇尧、舜、禹三代。

> 子曰：巍巍乎！舜、禹之有天下也，而不与焉。

"巍巍乎"三个字，大家都知道是崇高、伟大的意思，用白话可以写到几十个字的句子，古人三个字就形容出来了，甚而可以只用一个"巍"字，就表达出来了。这不去管它。孔子说尧传位给舜、舜传位给禹，这三代是著名的"公天下"。这种帝王位置的传替叫作"禅让"，禹以后变为"家天下"，但并不是禹的本意,因为禹所传的人,没有找对,后来才又找到禹的儿子继承下来,这才变成家天下。大家要研究"公天下"的道理,千万要注意前面提到的《伯夷列传》。这篇书很难读的,这篇书懂了,对于中国的历史哲学大概也就懂了。这样才能了解司马迁对于历史哲学和人生哲学的观点。

说到司马迁的文章,也可以说有一点坏道。何谓"坏道"?世界上骂人文章写得最好的,是司马迁;批评文章写得最好的,也是司马迁。好在字面上看不出来在骂人,也看不出来在批评人。他写了《史记》以后,在一封给朋友的回信《报任少卿书》中,就说写了这部《史记》"藏之名山,传之其人"。我们幼年读书,只知道司马迁的文章写得很美。把整篇文章一读,觉得司马迁牢骚大了,都在骂人,牛也吹大了。他说周公汇集了中国文化,到孔子是五百年。孔子整理、发挥了中国文化以后,到他司马迁时,中间又是五百年。于是由他来写《史记》。他的意思就是说,这一千多年以来,除了周公、孔子和他司马迁以外,其他的人都没有思想。他认为自己写了《史记》，没有人看得懂，只好"藏之名山"，等到将来有人看得懂的时候，再"传之其人"。

他在《伯夷列传》中，对于"公天下"的历史哲学道理，在第一节中就说得很有条理。他的意思说，不要以为古代"公天下"的"禅让"是那么简单的。他说尧年纪大了，要找一个继承人，找到了舜。舜是一个大孝子，尧才把他找来，并没有立即让舜当皇帝，要他从基层工作做起，各方面的事情都做，给他经历，训练他，一直经历了几十年，然后才把国家政权交给他。所以司马迁在《伯夷列传》上说"传天下若斯之难也"，这句话表面上看，只是普通的感慨，毫不相干的字眼。但透过这些字眼，才会知道思想的背景。他就是告诉我们，一个替国家做事的人，要有丰富的行政经验，加上道德才能，经过考察又考察，认为可以传位才把帝位交给他。这表示传天下并不简单，而是非常困难的。

舜找禹更慎重了，当时禹的父亲鲧负责治水，没有办好，犯罪被杀掉了。舜再用他的儿子禹来治水，大禹治水是历史上有名的故事，胼手胝足，自己下去做工,九年在外治水,三过其门而不入——九年中在外工作,三次经过自己家门口,都没有时间回去(也有人唱反调,写反面文章,说这是故意假装给人看,目的想当皇帝。事实上也可以说作此批评的,没有行政经验,一个真有责任心的人,实在会忙得没有时间回家)。然后也是做了几十年,舜才把帝位交给禹。这是《伯夷列传》讲到历史哲学,然后讲到人生,叙述伯夷、叔齐放着国君不当,当隐士去,两个人逃了。为什么从尧舜禹三代的禅让,说到伯夷、叔齐的不当皇帝?为什么有人皇帝不当,有人想当皇帝当不到?他没有点明,这篇文章很难懂吧!这就是人生观点,等于所谓"有人辞官归故里,有人漏夜赶科场"。所以这篇《伯夷列传》,上面是说传位之难,下面则说有人可当皇帝还推掉不想当,可是他没有说明,要读者自己去体会。

——《论语别裁》

我们注意的是,过去的学者,每认为三代以上,禅让天下是民主;可是我们要知道,民主并不如想象中那么简单。假如随便选一个人当国家元首，上台不到三天，可能就亡国了，毫无经验是不行的；搞政治不但要有道德，还要有经验。试看尧对舜，不是尧不肯下来，是因为辛勤培养，小心带领舜二十几年才放心。因为与国家、天下、老百姓的祸福有关，责任太大了。所以不但尧不放心，舜也不放心；后来舜把帝位禅让给大禹，也是一样，先给大禹多年行政上的磨炼。司马迁在《史记·伯夷列传》中，一句话点穿了："传天下若斯之难也。"上古的道德政治，禅让天下，并不容易，并不是像后世想象的禅让，搭一个高台，两个人爬上去，我把天下交给你，我就走了，事情并不那么简单。

——《孟子旁通》（上·万章篇）

《货殖列传》：司马迁的商业哲学

中国经济学的第一篇传记

我们要讨论的"声、色、货、利"四事，我国历史文化上，几千年来，都认为是要不得的坏事。直至国民革命成功，推翻清朝以前，大家还是看不起工商业，尤其是看不起商人。过去习惯上所谓的士、农、工、商，商人被列为四民之末，这都是中国文化受这些传统观念的影响，致使工商业不发达，科学不进步，而形成中国文化呆滞的一面。

中国文化真是如此呆滞丑陋的吗？我们不必归罪于什么理学家、道学家或哪一家上去，只是由于少数读书人，把观念搞错了，把大家的观念带到歧路上去。中国文化的本身，并非如此。

历史上，汉代的司马迁曾经就"货利"的问题，正式提出来谈经济思想。当时别人都不大注重经济问题，只有他特别注意，而在《史记》中写了《货殖列传》，成为中国经济学上的第一篇传记，也是中国讨论经济哲学思想的好著作。另外，《平准书》也是财政学上的重要资料。

司马迁看法与众不同，在当时大家看不起货利的时候，他却认为货利非常重要。他提出来的第一位经济专家是姜太公，第二位是范蠡，第三位是孔子的天才学生子贡。接下来还有很多，现在我们择要摘录下他这篇文章，来作个研究。

> 老子曰："至治之极，邻国相望，鸡狗之声相闻，民各甘其食，美其服，安其俗，乐其业，至老死不相往来。"必用此为务，輓近世涂民耳目，则几无行矣。
>
> 太史公曰：夫神农以前，吾不知已。至若

《诗》《书》所述，虞夏以来，耳目欲极声色之好，口欲穷刍豢之味，身安逸乐，而心夸矜势能之荣，使俗之渐民久矣。虽户说以眇论，终不能化。故善者因之，其次利道之，其次教诲之，其次整齐之，最下者与之争。

夫山西饶材、竹、谷、纑、旄、玉石；山东多鱼、盐、漆、丝、声色；江南出楠、梓、姜、桂、金、锡、连、丹砂、犀、玳瑁、珠玑、齿革；龙门、碣石北多马、牛、羊、旃裘、筋角；铜、铁则千里往往山出棋置；此其大较也。皆中国人民所喜好，谣俗被服饮食奉生送死之具也。故待农而食之，虞而出之，工而成之，商而通之。此宁有政教发征期会哉？人各任其能，竭其力，以得所欲。故物贱之征贵，贵之征贱，各劝其业，乐其事，若水之趋下，日夜无休时，不召而自来，不求而民出之。岂非道之所符，而自然之验邪？

《周书》曰："农不出则乏其食，工不出则乏其事，商不出则三宝绝，虞不出则财匮少。"财匮少而山泽不辟矣。此四者，民所衣食之原也。原大则饶，原小则鲜。上则富国，下则富家。贫富之道，莫之夺予，而巧者有余，拙者不足。故太公望封于营丘，地潟卤，人民寡，于是太公劝其女功，极技巧，通鱼盐，则人物归之，繦至而辐凑。故齐冠带衣履天下，海岱之间敛袂而往朝焉。其后齐中衰，管子修之，设轻重九府，则桓公以霸，九合诸侯，一匡天下；而管氏亦有三归，位在陪臣，富于列国之君。是以齐富强至于威、宣也。

故曰："仓廪实而知礼节，衣食足而知荣辱。"礼生于有而废于无。故君子富，好行其德；小人富，以适其力。渊深而鱼生之，山深而兽往之，人富而仁义附焉。富者得势益彰，失势则客无所之，以而不乐。夷狄益甚。谚曰："千金之子，不死于市。"此非空言也。故曰："天下熙熙皆为利来，天下壤壤（攘攘）皆为利往。"夫千乘之王，万家之侯，百室之君，尚犹患贫，而况匹夫编户之民乎！（文中所述范蠡、子贡等人致富之道，从略。）

此其章章尤异者也。皆非有爵邑奉禄弄法犯奸而富，尽椎埋去就，与时俯仰，获其赢利。以末致财，用本守之；以武一切，用文持之。变化有概，故足术也。若至力农畜，工虞商贾，为权利以成富，大者倾郡，中者倾县，下者倾乡里者，不可胜数。

夫纤啬筋力，治生之正道也，而富者必用奇胜。田农，掘业，而秦扬以盖一州。掘冢，奸事也，而田叔以起。博戏，恶业也，而桓发用富。行贾，丈夫贱行也，而雍乐成以饶。贩脂，辱处也，而雍伯千金。卖浆，小业也，而张氏千万。洒削，薄技也，而郅氏鼎食。胃脯，简微耳，浊氏连骑。马医，浅方，张里击钟。此皆诚壹之所致。

由此观之，富无经业，则货无常主，能者辐凑，不肖者瓦解。千金之家比一都之君，巨万者乃与王者同乐。岂所谓"素封"者邪？非也？

《史记》作者司马迁及其父司马谈，都是比较偏爱黄老道家的学术思想，尤其是推崇老子的思想。他写的《货殖列传》，首先就引用老子的话，描写社会到了富强康乐、民主自由的极点，才能真正进入大同的理想境界，也才能达到老子所说的无为之治，法乎自然的境界。老子前面的一段话，意思是说，比邻的国家，国界相接，或隔一条路，或隔一条小溪，彼此都可以一望而见，连鸡鸣狗吠的声音都听得清清楚楚。而各国的老百姓，都能够吃得好，营养足；穿得好，没有穿打补丁的衣服；社会风气安定，没有不良分子的骚扰；对自己的事业、职业，都很满意，各人安守本分。生活在这样安定快乐的社会中，人人都很满足，终此一生，都不会去羡慕别人，更不会为了生存，而离乡背井去外地谋生。

本来老子的说法，在我看来，和儒家大同思想的说法并没有两样，不过老子是对理想境界的描写，儒家的《礼运篇》则是原则的叙述。二者都是根源一脉相承的中国古代文化传统，如果一定要以表面的文字，把它们硬分为两派，是一件很遗憾的事情。

曾经听一位青年人说，现在日子过得好，有了钱，退了休，就该环游世界一番，"到老死不相往来"，不出国门，活着有什么意思。出国走走，这是一种很时髦的观念，而且也可增广见闻，但对于老子这句话的反驳，则似有断章取义之嫌。先从近处说起，就在中国台湾的山区或农林中，还是有一些人，不但没有到过台北，甚至连他居处的县治所在地也没有去过，一生没有离开家乡一步，但因生活过得安定快乐，临终之时，心中了无遗憾。而现代许多曾经环游过世界的人，在他临终之际，或对后代子孙，或对国家社会，或对他自己的一些事情，还是很不放心，带着满腔的无奈而去。

也还有人说，至美国或到欧洲去求学深造，或发展事业又有什么不好？为什么要"至老死不相往来"？这也是忘记了这句话前面的"至治之极"，以及接下去的描写。我们要反过来问一句，假如我们中国今天成为世界上经济力量最雄厚，教育文化水准最高，科技最发达，军事力量最强大，社会也最安定的国家，那么你还会想到外国去求深造，求发展吗？再进一步说，全世界，全人类，每个社会都达到了这个水准，那么又有谁不愿安安稳稳在自己家乡努力，反而到处奔波劳苦，替别人洗碟子、擦地板呢？现代的澳洲人，位于南半球，一般人过着太平日子，就很少往外国跑了。由此可见，想要达到"至老死不相往来"的境界，是不容易的，除非全世界、全人类，都富强康乐了，才能达到这个美好的境界。

所以司马迁说，人类最好往这种美好的理想去努力。但是近代（司马迁当时的近代），一般人都只图声色耳目的享受，已经不可能达到那么高的境界了。

接着他又发表他史家立场的意见说，神农以前的情形怎样我不知道。我所知道的，像《诗经》《书经》这些书上所记载的事迹，自虞夏两代以后，由于社会的演进，人们都偏好物质生活的享受，喜欢追求声色之娱，以及口腹之欲。身安逸乐而汲汲名利，人人都如此，没有什么稀奇。这种风俗的演变，不是一天形成的。自从虞夏时代开始，就逐渐转变成近代这个样子。社会风气到了这一步，你即使以最高的哲理，挨家逐户地去劝他们，放下物欲，寻求精神生活的超脱，也是没有用的。

因此，自上古以来，最高明的为政方法是"因之"。依着百姓的本质和禀赋，在立法行政上，很自然地把他们引到好的方向。

如果这样行不通，退而求其次，顺着他们的兴趣嗜好，针对他们重视现实的心理，"利道之"，以利为引导，导致他们走到良善的路上。

"其次教诲之"，如果还是不能，于是用再次一等的方法，也就是用比较强硬一点的方法，教育他们，告诉他们，什么是对的，是应该的，什么是不对的，是不可以做的。

如果仍然没有效果，这就只好用更次等的方法，"整齐之"，以法令来纠正了。纠正不了的话，等而下之，"与民争利"，和百姓对立相争。

从这套理论来看，几千年的历史，都是等而下之，在与民争利之中。达尔文的进化论"物竞天择"，也同样认为人类文化，是在竞争当中发展的。说得好听一点是竞争，只要社会心理到了以争为能事的地步，人类就永远不得太平了。人类社会固然有"争"的素质，但这正是要大家努力去改善的。如果以争为原则，以争为鹄的，社会必定大乱了。

司马迁这几句话，把人类社会演变的程度，以及人心不可挽回的趋势，全都说完了。我们无论研究政治、哲学，或者经济、历史，对司马迁这里所说，和孔子《礼记·礼运·大同篇》的叙述，互相参合研究，便可成为一部中国文化历史演进哲学的专书。

其次，司马迁举出当时中国所发现的资源情形，也相当富饶，很有利用价值的。但是现在我们新发现的资源，在质与量上都增加了许多，在这里不作详细的介绍了，且看他对于物资利用的观点。

"待农而食之"，在当时的农业社会，许多资源技术还没发掘，社会经济的必然趋势，当然是要依赖农业生产，才有饭吃。"虞而出之"，还要开发山林和畜牧的资源。"工而成之"，然后将农林、畜牧的产品加工制造。"商而通之"，最后，再由商业的经营，来流通农林畜牧和工业的产品，于是才能达到有无相济、各获所需、不虞匮乏的地步。

接着他又说，这种经济形态的发展，是顺着人类社会的需要，而自然演变出来的一种生活方式，并不是由法律或命令规定而来的，也不是由某一人提倡或教育而成的。而是大家为了生活上的需求方便，很自然地发展出来的。所以每个人都是各尽自己的能力，换取自己的需要。

在商业的经营上，是"物贱之征贵，贵之征贱"。也就是中国商业一句传统的成语——"贱物不可丢，贵物不可收"。一样货品，价钱跌了，不要赔本卖掉。储存在那里，将来一定回涨，甚至还可以加工制造，再卖出去，很可能还会赚大钱。一样东西涨价了，贵了许多，千万不要一窝蜂地跟着去买，因为不久的将来，很可能会跌价。所以，"贱价不卖，贵不买"。

"各劝其业，乐其事"。各人安于本分，敬业乐群。这种趋势，像江河的水往下流一样，是很自然的发展，用不着特地订立法令规章，自然而然就来了。一切物资的生产分配，也用不着刻意去营谋，社会上自然会有妥善的调配。这不就是老子"自然"之道吗？

接着他又引据《书经》上的话，强调农工商虞的同等重要性。这些来自农林、畜牧，以及工商业的产品，是富国富家的基础。虽然各地的气候、土壤、人力不同，资源的储藏与开发也不一样，但只要经营得好就富足，经营不好就贫穷。上天是不会厚此薄彼的。

像齐国的姜太公初被封到营丘时，那里靠海边，土里的盐分很重，老百姓很少。当地的土质根本就无法耕种，简直无饭可吃。可是姜太公不为地理环境所困，他教导妇女发展手工业。直到现代，山东烟台一带的刺绣、抽丝等工业还是很有名的。在台湾具有这种技术的人，也在生产从事外销，可能就是从古老的姜太公时代所流传发展下来的。除此之外，他又设法开发盐业和渔业，外销他国。齐国就此繁荣富庶起来，"冠带衣履天下"，各国闻风相望，连服饰都以模仿齐国为时尚。不论是靠山或临海的国家,都希望能到齐国去见识见识,一如今天世界各国的人,一窝蜂地往美国跑一样。

后来齐国到了中叶,国力曾经一度衰落,直到齐桓公的时代,用了现在大家都知道的,以经济政治为主,并以经商出名的管仲为辅相,把齐国的国势再度复兴起来。他设立了九个有关财经的行政机构,设置掌财务的官员,行"轻重法",而使齐桓公完成他的霸业,九合诸侯,一匡天下。而管仲个人亦有富埒王侯的"三归"建筑,爱好豪华,也相当奢侈。政治地位到了陪臣——和国君近于朋友的关系,财富可和其他诸国的国君相比拟。可是他使得齐国的富强,一直延续到威王、宣王的时代。

司马迁引《周书》的话,并举出齐国姜太公和管仲的例子,说明经济财富对政治功业的重要以后,又引用"仓廪实而知礼节,衣食足而知荣辱"这两句名言,讨论财富和德业的关系,提出"礼生于有而废于无"的主张。因为礼节、仁义这些德性,是以安定的生活与财富为基础的。一个君子富有了,就更乐于行善积德；而普通的人有了财富，也就安守本分，不会作奸犯科。接着他又把财富比作高山大泽，把品德比作山泽间的生物。水深了，自然有鱼，山高了，各种兽类自然繁殖其中。沟里水浅是养不活鱼的；小山也隐藏保护不了大的兽类。换句话说，贫穷就难有高超的道德修养，也难做出对人有益的善行。所以，有了财富，才能发挥出仁心义行。一个人有了钱，如果再得权势，就更容易彰显善举。反之，既无势力，又无钱财的他乡游子，自身难保，更何况其他。这是对有文化根基的中国而言，在文化低落的边疆来说，财富对德性的影响就更严重了。

所以普天之下，熙熙攘攘、来来往往的，都是为了一个"利"字。不论千乘之国，或者万户之侯，或者百室之君，他们都一个个唯恐受到贫穷的困扰，更何况一般老百姓！

接着，他又继续举出范蠡、子贡、猗顿、卓氏、程郑、宛孔氏、师史、任氏等十几位历史上名人的致富之道，以及对国家社会的影响，来强调财富和德业事功的关系。同时他强调说，所举的这些人，还只是少数的例子，而且都不是继承祖业，或世袭俸禄而来，都是靠自己的努力，用心经营，把握了时机，去规规矩矩地发展，以最平实的方法来赚钱，而以最高明的原则来守成。至于其他，以发展农林工商而富可倾城的，或者富甲一县，或者称富乡里的，这些就多得数不清了。

结论说，靠自己的劳力，从小生意做起，一点点积蓄起来，这是谋生发财的正道。但是小富由勤，大富由命，发大财也要靠机运。同时司马迁又强调，发大财，还要有头脑，譬如用兵，要出奇制胜。于是他陈列出一些历史资料说，像秦扬这个人，以种田起家，他的财富居然盖过了一州，等于现在富过一省。照理说，挖人家的坟墓，偷盗葬物，这是犯法的，可是田叔就是这样起来的；赌博说起来也是坏事情，但桓发却因此致富；至于行贾，类似我们现在所说跑单帮的，在古代也是大家不在意的行业，而雍乐成由此起家；卖油脂，当然也是低贱的行业，一身油垢，不受人尊重，而雍伯就在这个行业中，聚积了上千金的财产；叫卖浆汤、油条，是小生意，但张氏以此赚了千万的资财；磨刀，可以说是最简单的技术，但郅氏以磨刀闻名，人人找他磨，到后来发了大财，养了一大家的人，吃起饭来都是鼎食，气派得很；卖猪肉干、牛肉干，也只是小本生意，浊氏却因此发财，养了几十匹马，在现代说，就是拥有几十辆汽车了。还有马医，古代医生的社会地位不像现在这么高，兽医更是如此。可是有一个兽医张里，家里开饭的时候还要敲钟，可见其富庶的程度。以上这些都是因为专精一业，勤奋努力而来的。

最后他的结论说：从这些事实看来，致富并没有什么一定的行业，财富也不是说一定永远属于谁的。有能力的人自然会发财，懒惰的人就是站不起来。富有了自然就显贵。一个富有千金的人，就像士大夫般的被人敬重。至于巨万富翁，就和王侯一样享受。这不是上天所赐，也不是祖宗所给，都是靠自己努力得来的。

他这篇文章里，介绍那些商业巨子和大富翁的妙论很多。谈到好货的心理时，曾经举出，像秦始皇这位暴君，对于财富也很重视。当时在四川有一个名字叫"清"的寡妇，拥有大量的丹砂矿，富有得不得了，秦始皇还特别邀请她到咸阳，待以上宾之礼。同时为她建筑了一座"女怀清台"。由此可见财富的重要。不但个人如此，他也说到，国家非财富不能强盛，社会非财富不能繁荣。

我们看了司马迁在《货殖列传》中的议论，再来看看明人冯梦龙的一段小文，相互比对，倒是别有一番兴味：

> 人生于财，死于财，荣辱于财。无钱对菊，彭泽令（陶渊明）亦当败兴。倘孔子绝粮而死，还称大圣人否？无怪乎世俗之营营矣。
>
> 究竟人寿几何！一生吃着，亦自有限。到散场时，毫厘将不去。只落得子孙争嚷多，眼泪少。死而无知，直是枉却；如其有知，懊悔又不知如何也。吾苏陆念先应徐少宰记室聘，比就馆，绝不作一字。徐无如何，乃为道地游

塞上，抵大帅某，以三十镒为寿，既去戟门，陆对金大恸曰：以汝故获祸者多矣，吾何用汝为！即投之涧水中。人笑其痴，孰知正为痴人说法乎。

——《孟子旁通》（上·梁惠王篇）

世界上什么最诱人？

司马迁第一个提出来商业的哲学，写了一篇《货殖列传》，那么中间有两句话很重要，"天下熙熙皆为利来，天下壤壤皆为利往"，一切学问道德抵不住一个钱、利，利之所在，拼命苦干，命不要就是为了这个利。人家说司马迁是历史学家，我说你们不要搞错了，司马迁是一个历史哲学家，他走道家的路线，他为人类开了一条路。

我现在抽出来司马迁《史记》上的《货殖列传》，不是全篇。诸位千万注意《货殖列传》这一篇，你们到街上都可以买得到，《古文观止》里头有。另外一份资料也是《货殖列传》，是另一本书上的，叫《史记菁华录》（台湾联经出版事业公司版）。可是我给大家介绍的这两个都还不全，都还不是司马迁的原本《货殖列传》。我先把资料发给大家，我们大概做个研究，我想对大家很有帮助。

你们诸位老板发了财，都不爱读书了，要多读一点书，因为读书有一点用处，比打高尔夫球啊、比卡拉OK好一点。

这篇《货殖列传》是关于经济、工商业的发展。中国传统的文化，儒家、道家都看不起工商业，看不起做生意的，只有司马迁不同，他提出来工商业的事。"货殖"，你说为什么不叫"经济"呢？刚才我开头就讲"经济"这个概念翻译得不对，他讲"货殖"，"货"代表一切的物资，也包括今天的资本；"殖"是生利息，繁殖起来，等于种树一样，它会生长。

司马迁著《史记》非常大胆，古人看不起商业，他却提出来。司马迁不只这样，司马迁的《史记》还写了《游侠列传》，黑社会是大家看不起的，他却特别提出来侠义道的重要，是黑社会值得注意的一面。还有做官的《循吏列传》《酷吏列传》,他把好官和坏官很明显地分开,规规矩矩地把他们记下来,一点都不能逃过这个历史。

如果看《史记》只当小说看,不当真正的学问看,那你就不懂《史记》了。譬如我抽出来《货殖列传》这一篇贡献诸位,刚才我讲了,我没有抽原《史记》的,原《史记》上的《货殖列传》还要更多,我想简化一点,只抽要点。先抽《古文观止》里的,这里头够你们吸收的了,营养很多。然后书架上随便一抽,抽出《史记菁华录》里的这篇。全部《史记》的东西太多,还是利用这两篇给大家做研究。

司马迁写这一篇《货殖列传》的时候,《盐铁论》的讨论有所反映,发展经济,发展工商,对我们一个国家民族的前途,它的利弊好坏究竟怎么样,这是个大问题。现在我们的发展,依我的观点看来,也有些迷糊了,所以说"几多归鸟尽迷巢"。

刚才吃饭以前,我已经向大家报告了,我所引用的两份资料都不是完整的,你们诸位做研究,最好把《史记》全部的《货殖列传》读完。

我告诉你们诸位老板，读书首先要读《货殖列传》。我们这里有一个老同学，李博士，当年在大学里是学物理的，他常跟我提起，说当年到我这里是要修行的，结果我叫他读《货殖列传》，他慢慢就走上工商业这条路，因为这篇文章对他影响很深。当然，他同时也在研究身心修养。

我现在是陪你们诸位读书，我读古书的习惯跟你们不同，像你们在座诸位，每个人一看好像就懂了。一问你，读过啊！懂了吗？懂了。在我读古书的经验，你们读书像水面上那一层油，油面以下的深度都不知道了。古文有很多内涵在里头。你看他写书的时候距离我们两千多年了，但如果你把他读懂了，就会发现同现在的思想，同国外来的经济思想、理论、商业观念，很多是相同的。

我们现在看他的原文。对不起啊，你们难得有一天坐在家里看书，现代人都很少回到书房读书。这一点我告诉你，我们小时候看到，中国古代读书人，不管地位，官做多大，差不多有时间就回到书房的。你们看唱京戏的就看到了，那个男的回来，太太出来迎接，"老爷请！""夫人请！"走开了，先回到书房，不是回到卧房，不是先回去抱太太。回来好像不先进书房转一下，那是没得文化的。我们小时候还亲眼看到的，不像现在，下班以后就出去应酬了，打球啊、吃饭啊。我说现在的人，老板们一天吃饭吃六七个钟头，没有几个钟头办事的，三餐饭的应酬，打高尔夫球，每天都是这样。

"老子曰：至治之极，邻国相望，鸡狗之声相闻，民各甘其食，美其服，安其俗，乐其业"，这是重点了，我们讲政治哲学，政治好的时候，在中国文化是"安居乐业"四个字。老百姓每个人平安活着，安居；乐业很难，那是要人人对前途没有茫然，一个职业可以永恒地传下来。

"至老死不相往来。必用此为务"，司马迁是主张黄老的道家政治，所谓"无为之治"，等于现在讲的真正的自由民主，不是西方鼓吹的那种自由民主。他说道家所指的上古那个时候是这样。

"輓近世涂民耳目，则几无行矣"，司马迁感慨，我们现在中国的文化，道家推崇的社会看不见啊！"涂民耳目"，把大家的眼睛蒙住了，"则几无行矣"，没有达到上古那个政治理想。

他的文章《货殖列传》，引用的是道家的思想。这一段他先插了一个标杆。我顺便告诉大家，他写文章不是拿来就写，而是先把目标插在那里。这两句话，现在算不定国文老师要你划掉，不要了，因为跟这个题目不相干嘛！不是不相干，而是标杆，先插在这里。

"夫神农以前，吾不知已。至若《诗》《书》所述，虞夏以来"，这几句话我们先停一下，上古的历史文化，神农距离司马迁一二千年了，上古由神农到轩辕黄帝，由黄帝、尧、舜、禹、殷商到周朝这一段，他说"吾不知已"，我的历史资料不够。

"至若《诗》《书》所述"，《诗经》《书经》都是历史，我们诸位注意啊！什么是中国文化？是四书五经吗？什么是四书五经呢？古人一句话——"六经皆史也"，包括《诗经》《礼记》《书经》《易经》《乐经》《春秋》，包括《大学》《中庸》《论语》《孟子》等等，通通是历史。这是读中国书要注意的，我补充这一句。

"至若《诗》《书》所述"，《诗经》《礼记》《书经》《易经》《春秋》等五经传下来，记载"虞夏以来"，就是虞舜、夏禹以来。到了舜的时候，我们中国发了大水灾，大禹治好了水患，才建立农业立国的国家，我们现在说"华夏文化"是以夏禹为代表。

那么，下面我特别提醒大家注意。

"耳目欲极声色之好，口欲穷刍豢之味，身安逸乐，而心夸矜势能之荣"，这个古文漂亮极了，我们以前读书不是这样读，你们现在没有看到过，叫念书，出声地朗读吟诵出来，回到书房里拿到书，每个文章有音韵，像唱歌——"耳目欲极……"（示范）这个叫读书，叫书声琅琅然，会读得很开心，记忆很深刻。像我小时候坐在书房里，我父亲悄悄从楼下上来，听到我在念书，不错，然后告诉我"三更灯火五更鸡，正是男儿立志时"，告诉我夜里不要贪睡觉。古文照你们这样一看，字都认得，不一定懂。司马迁这个古文是朗诵的,如有一个平仄不对就换了,而且内容很深。

他说我们的文化到夏朝以后"耳目欲极声色之好",每个人欲望很大,眼睛要看好的东西——现在的电视机啊、什么东西啊——耳朵要听好听的音乐,嘴巴要吃好的东西——我们现在吃饭,好像每天过年一样,以前我们过年偶尔杀个猪啊,或者是好久好久才杀个鸡,不像现在这样享受。每个人都贪图"身安逸乐",身体坐在那里动都不想动,都要人家来服侍,放逸,放松了,自己要享受,身体是这样。心里头呢?"夸矜势能之荣",我是大老板,然后格老子我最大。"心夸",自己爱吹。"矜"是骄傲。"势能",有钱就有势力,有地位就有能量,以这个为光荣。他说人贪图虚荣,所以大家读书每个字要读清楚。

"使俗之渐民久矣",他说这个社会的风气变成这样奢侈、骄傲,不是一天来的,是慢慢变来的。

"虽户说以眇论,终不能化",他说因此你到每家、每个人前面劝他,虽然你有钱了,发财了,但你要谦虚。这是没有用的啊!"终不能化",教育不是这样,改变不了的。

下面讲一个政治的原则了。

"故善者因之,其次利道之,其次教诲之,其次整齐之,最下者与之争",这几句话就是经济的、政治的教育原则,所以做领导人,做国家的领导人,"善者因之",上等的就因势利导,像那个水流一样,流下来的时候你不能挡,你只好将就它那个力量,慢慢疏导出去。所以讲管理,你要按这个原则去做。"善者因之",知道他的原因;"利道之",使他转过来。

其次呢,差一等的就"利道之",等于我们骑在驴子的背上,驴子不肯走,拿个竹竿,前面吊个红萝卜,驴子要吃红萝卜,永远向前面跑,这个是"利道之",你用一个好的利益摆在前面,给他一个目标走,这是第二等。

第三等,教诲他,好像刚才我跟一个年轻朋友谈话,朋友年轻,也是做大事的。我说:你的公司怎么样?他说好像军事管理。我就笑了,现在讲管理军事化，越管理越不好，这是"教诲之"。

再其次"整齐之"，什么叫组织，搞组织？现在搞管理的都乱搞，依我看你的管理都不行，因为你管理不好自己，这样的管理要完了，"其次整齐之"。

最下等的政治、经济管理"与之争"，与民争利了，公家跟私人企业争利，或者上下争利，那就完了。

对不起啊！我现在是陪你们攻书，帮你们读书，读书的方法是这样，要朗诵，叫大家全体朗诵，叫作书声琅琅然。可是大家做不到。你们现在包括孩子的教育，只是看书。到现在我的习惯不肯用笔记，一听了就用脑子记。你们现在是笔记啊！要不然就是计算机啊！你计算机坏了，你就什么都不知道了。

这一段我们大概介绍一下，如果把《史记》整个拿出来，这里头的好东西很多很多。我们暂时换一个稿子，换《史记菁华录》这一篇，翻过来第二页。这个《史记菁华录》的编辑不同，都是抽要点。刚才我提到经济政治，工商的发展，姜太公、管仲、吕不韦等。像汉武帝的时候,两个商人左右了汉武帝的政治经济发展,一个叫桑弘羊,一个叫卜式,都是商人做官哦。《盐铁论》的争执就是这个时候,这些事情司马迁当然知道,因此他写《货殖列传》。

那么真正讲《货殖列传》,商人了不起,你们现在喜欢讲"儒商",儒是读书人。你们诸位"儒商",至少要去拿个学位,贴在那里要好看一点。真正的儒商历史上没有几个,一个是孔子的学生子贡,儒商的代表是他。第二个是范蠡。

《货殖列传》中,子贡没有写进来,司马迁对子贡很恭敬,另外写。子贡是儒商,子贡在孔子三千弟子里是做生意的,学问好,能外交,又有钱。孔子三千弟子里有土匪,有流氓,有做官的,各种各样的人都有。有钱的,书又读得好的是子贡,你们做儒商就要学他了。这个我们今天来不及讲,那是非常精彩的。

孔子死了以后的坟墓在山东曲阜,是子贡决定的。当时看风水选了一个地,子贡说不行,这块地不好,只能埋葬一个帝王,没有资格埋葬我们的老师，我们老师是万世师表。结果那一块地后来葬了汉高祖。子贡把孔子埋葬了以后，同学们都走开了，他一个人庐墓三年，自己盖一个小房子，在老师孔子的坟墓旁边守了三年才走。孔子在的时候，很多的事情，用的钱都是他在支持的。因为子贡会做生意，历史上给他四个字评语"亿则屡中"，这个"亿"不是说他钞票有多少亿哦！这个"亿"代表他的思想没有一件事情看不懂，"亿则屡中"，判断事情很正确。

研究儒商子贡是非常精彩的，今天时间来不及，我们回过来再讲《货殖列传》。

这一段他提出来的是范蠡——陶朱公。不是全的哦！不过假使你们读《史记》，关于陶朱公的研究，你看了这一段认为懂了陶朱公，不行的哦！那是一小段！范蠡的一生，包括越王勾践，有关国际政治的，另外一篇传记。因为司马迁要写《货殖列传》，做生意发财，与经济有关的，所以，他引用了范蠡。我们读一下。

"范蠡既雪会稽之耻"，就是越王勾践把吴国打垮了这件事。"乃喟然而叹曰：计然之策七，越用其五而得意，既已施于国，吾欲用之家"，这是范蠡成功了以后，自己感叹的话。范蠡跟谁学的？范蠡的老师叫计然子，道家的人。他说老师传给我的学问乃至方法等等，有七套本事，我只用了五套就拨乱反正，使越国起来称霸——用在政治经济上成功了。既然一个快要完了的国家，我可以用这个方法，用老师这一套学问把它扶起来，他说现在我留一点自己用用。他辅佐越王用了一半，另外一半他自己玩去了。不是去玩，是成功后离开越王，开始另一个人生局面。

这里面有人生的大道理，他帮助越王成功了，然后他要走时告诉文种，说离开吧，"越王为人长颈鸟喙，可与共患难，不可与共乐"。人生要认识一个老板，这个老板创业的时候，跟他做伙计蛮好，到成功的时候，完了，他不能做老板。所以讲越王勾践"可与共患难，不可与共乐"，因此讲"飞鸟尽，良弓藏。狡兔死，走狗烹"，非走不可，所以范蠡溜走了。那么司马迁写《货殖列传》，这一段不用在这里，所以我刚才告诉你，你要研究难了，还要到《史记》里其他地方去找资料出来才完整，现在只讲他做生意这一面。

"乃乘扁舟浮于江湖，变名易姓，适齐为鸱夷子皮，之陶，为朱公"，范蠡走了，地位不要，功名富贵一概不要。那么，历史上传说他带西施走了，我还说笑话，范蠡带着西施往哪里走？就在我们太湖那一道堤上，在那里上船走的。人家说：老师啊，你根据什么？我说根据我说的，这是说笑话。可是这里讲走得很轻松，一叶扁舟离开了，"变名易姓"，不叫范蠡了，自己姓名都不要了，到齐国他的名字外号叫"鸱夷子皮"，到山东陶这个地方叫"朱公"。

"朱公以为，陶，天下之中，诸侯四通，货物所交易也"，他开始做生意了。刚才我提到山东的临淄，在春秋战国的这个阶段等于现在的上海，是货物、交通、财政的中心。

"乃治产积居，与时逐而不责于人"，在这里做生意，开公司了。这一句话你们要注意，诸位都是领导，"与时逐"，跟着时代，观察这个时代的变化，

司马迁的春秋笔法　／ 107

不论做什么，或者是股票，或者是期货，或者是投资生产，看清时势、机会，"而不责于人"，对下面很宽大。换句话，如果搞错了，不要怨人家，自己负责任。所以，古文有时候一句话好几个解释，这是要了解的，也要学他的修养。

"故善治生者，能择人而任时"，注意！你们讲管理学，要发财，第一难是用人，所以，这里也提到"故善治生者"，做很好的生意，乃至做其他事业，"能择人而任时"，总要找到一个可信任的人才，选择人才以后，两个字"任时"，这一个人在某一个地区、某一个事情上可以干个三年五年，假使要另外发展，就不是他的能力了。读古书每一个地方你都要注意。

"十九年之中，三致千金，再分散与贫交疏昆弟，此所谓富好行其德者也"，这一段如果像我们读书，就要朗诵了，唱歌一样唱出来。文章是很美，声调也很好，他说他这样做"十九年之中，三致千金"，古代的"千金"就是几亿或者多少，这个价值很难比了。总之是很多很多，白手成家，三次成功,然后分散不要了。

所以,我鼓励你们看韩国的《商道》,也是这个精神,一毛钱没有,结果做到红顶商人,最后自己死的时候,身上只剩下二十块钱,他走的是陶朱公这个路线。陶朱公十九年当中三聚三散,不是失败哦,而是自己到了最高峰,一手把它用掉。我常常说等于梁武帝"天下自我得之,自我失之",我赚来的钱,我自己把它花光了,到另外一个地方再来。他自己有本领,看得很准,"三致千金,再分散与贫交疏昆弟",每次都分给穷人,通通分散了。司马迁在这里提到,像他这样的做法,"此所谓富好行其德者也"。我常与一般同学们讲,我说你这个公司多少人?我们有几个同学,公司员工是好几万人,我说你要好好做,现在一个职员跟着你,五口之家靠他吃饭,你有一万人,就有五万人等你吃饭,你垮了,这五万人就业、吃饭都成问题。所以做生意,你不要认为只是做生意,而是在做一件好事,这样,你就学到一点陶朱公的精神了。

"后年衰老而听子孙,子孙修业而息之,遂至巨万。故言富者皆称陶朱公"，所以中国文化几千年以来，讲到富有就提到陶朱公。这篇文章不只提一个人哦，还有什么巴寡妇，巴寡妇是四川人，有铜矿。你看秦始皇那么了不起的人，与一个有钱的寡妇见面，四川那个时候到长安都是走路，秦始皇为她修了一条马路，跟她来见面。当然，我想这个钱秦始皇出一点，其他的都是巴寡妇出的钱。《货殖列传》里面，每一个故事都告诉你管理的道理。

因为时间的关系，我想明天留一点时间大家讨论，我心里想告诉大家的话很多，只是时间来不及。司马迁这里讲这一个例子，我们读书就要提问题了，他为什么这里先提了范蠡？是做个榜样，发财和做人的榜样。

我们把讲义翻过来，他中间提了很多怎么样做生意发财，怎么致富的，不一定专指做生意，乃至做人，怎么帮忙社会国家——我刚才讲话你们不要听错了。

《货殖列传》里头，怎么致富的，他说了一些要点，经典的名言很多。我想给大家讲的很多，你看红笔画的那么多，都很重要，希望你们大家能够吸收，能够了解。我现在为了争取时间，只好简单地讲。这一段他就讲一切人都是求利的。

"由此观之，贤人深谋于廊庙"，这个贤人是讲读书的，有知识、有道德、有学问的，去搞政治。"论议朝廷"，管理国家的政治。"守信死节"，他说这些管政治的人论议朝廷，必须要做到人品"守信死节"，守住信用，建立人品。"死节"，至死不变，为了名节的问题，宁可守穷，这就是人格的建立。"隐居岩穴之士，设为名高者安归乎"，一般人都是为名利，都想赚钱。他说至于有些人看不起名，看不起利，学问很好，做隐士或者修道去了，名利对他们不起作用，那他们的人生目标是什么啊？他提出来一个问题。"归于富厚也"，结果呢，这个他就骂人了，说有些自己表示清高的人，最后还是向钱看。

譬如我们提到齐国当年的首都临淄，孟子、荀子、一般科学家、修道的、炼丹的，都到齐国去了，你们看那个阶段，那个山东临淄比现在上海、香港热闹得多了，天下的人才都汇集在那里，都向那里跑，为什么？因为那个地方有钱。

下面这一段很精彩，把军人、各式各样的人都讲了，我们简单地念过去，"是以廉吏久，久更富，廉贾归富。富者，人之情性所不学而俱欲者也"，为什么要钱，要富有？世界上只有富有最诱惑人，人类天生的性情是要钱，不用教他，个个都向钱走，向富有走。

"故壮士在军，攻城先登，陷阵却敌，斩将搴旗，前蒙矢石，不避汤火之难者，为重赏使也。"当兵的去拼命，打仗的时候冲到最前面去，为了升官，为了发财，他说不是为了利吗？这是一段。

"其在闾巷少年，攻剽椎埋，劫人作奸，掘冢铸币，任侠并兼，借交报仇，篡逐幽隐，不避法禁，走死地如骛，其实皆为财用耳。"这个包括很多了，"闾巷少年"，一般年轻人。"攻剽"，就是现在抢劫之类，少年特别多，各地都有。"劫人作奸"，抢劫或者强奸，或者盗墓，挖人家的坟墓，或者做假钞票，还有替人家做保镖拼命，或私家侦探，甚至一切犯法的事情都干。"走死地如骛"，他们自己晓得这样做犯法，会被枪毙，但还是拼着命去做，为什么？其实都是为了钱，还是为了钱。

"今夫赵女郑姬，设形容，揳名琴，揄长袂"，这些都是文章的好东西，文学的好东西，古人写文章所谓"炼字"，每个字都是黄金打造的一样，深思熟虑。"蹑利屣，目挑心招"，这四个字更滑稽了，他讲女性出来做这个事，譬如说眼睛一瞟，就勾搭上了，"心招"，你来吧！心里想的就是一个钱。"出不远千里"，千里迢迢都要跑来，乃至农村出来的跑到都市，打扮得漂亮去赚钱。"不择老少"，不管你是什么人，只要有钱。"奔厚富也"，为了钱。这是讲女的方面，你看古今社会是一样的。

"游闲公子，饰冠剑，连车骑，亦为富贵容也。"你们这些老板们、少爷们、小姐们，或者大官的少爷公子们，名牌的车子、名牌的服饰，他是为"富贵容"，表示炫耀，还是为了钱。

"弋射渔猎"，打渔的、打猎的。"犯晨夜"，半夜就起来工作。"冒霜雪，驰坑谷"，很危险的地方都去。"不避猛兽之害，为得味也"，为了好吃，大家喜欢新鲜的野味，他们就做这种事。

"博戏驰逐，斗鸡走狗"，赌钱的、开赌场的。"作色相矜"，男女打扮得很漂亮，在那里乱搞。"必争胜者，重失负也"，都想成功，都怕输，不想失败。

再来是做医生的，高价钱给人家看病，"医方诸食技术之人，焦神极能，为重糈也"，为了吃饭，也是为了钱。

还有做公务员的，"吏士舞文弄法，刻章伪书"，写假公文，假的证据。"不避刀锯之诛者，没于赂遗也"，不怕犯法，不怕坐牢，不怕枪毙而贪污受贿，也是为了钱。

"农工商贾畜长，固求富益货也"，各行各业，大家通通为了要钱，使自己富有。

"此有知尽能索耳，终不余力而让财矣"，他说所有这些人，都不远千里万里，拼了命，都是为了钱。

这一段讲这个，目的为了什么？告诉你，大家都向钱看。这又是为什么？中间你自己去研究，跳过来下一页。

"今有无秩禄之奉，爵邑之入，而乐与比者，命曰素封"，这是个问题，你看《聊斋志异》，常碰到"素封之子"，"素封"是从这里来的。什么叫"素封"呢？一般人白手起家，也没有家庭的背景，等到富有了，像一个王爷一样。所以我常常告诉人家，怪不得大家要钱，我说我一辈子功名、富贵、权力，什么都玩过，然后我看这些人真有意思。"封"等于封侯拜相，有封地或爵位。可是有了钱还没有办法封侯啊！但是你有了钱，好像那个地位跟他们是一样，因为有钱，你的身份就高了，"素封"是这样一个东西。"素"就是白纸一样，"封"就是封爵、封地。再转到下面看：

"是以无财作力，少有斗智，既饶争时，此其大经也。"所以钱财是那么诱惑人的东西。

司马迁这一篇文章读完了，你差不多懂了人生。不过你只读一次两次不行的哦，要读好多次才可能懂。

所以他说"是以无财作力"，没有钱，只出劳力，有时候人自己有自卑感，"少有斗智"，自己脑筋不肯用了。"既饶争时，此其大经也"，自己有办法以后，自己脑筋会出来。

司马迁的春秋笔法　/ 115

"今治生不待危身取给，则贤人勉焉"，这些话都很重要，现在一般人为了谋生，"不待危身取给"，危险的事情敢去做，"则贤人勉焉"，所以一般人是勉励他。人生要建立自己谋生的职业，不要随便求人。自己会谋生了，就可以建立独立人格了，这个要特别特别注意！

"是故本富为上，末富次之，奸富最下。"富人分三种："本富为上"，当然天生的福报好最好，父母有田地，有财产，最好。我常说，我假使父母留下来多少千亿的财产，然后由我乱花，我说那个才好，那个是本富。"末富次之"，辛苦赚来的，自己白手成家的其次。"奸富最下"，非法的致富是最下等的。

"无岩处奇士之行，而长贫贱，好语仁义，亦足羞也。"但是整个的社会繁荣起来，譬如读书没有"岩处奇士之行"，要超然独立，要跳出三界外，不在五行中，出家修道，或者是离开一切人事，处在山林里头，或者在城市里独居，孤苦伶仃，自己去修行。没有这样独立的人格与品行，而又靠人家拿钱生活的，永远是可怜的人，永远是贫贱的人。而这些人却又喜欢讲学问，讲理论，讲道德。他说那跟有钱人一比也是太羞耻了。他并不是赞成有钱哦！也不是赞成跳出现实的人生哦！这个你要去想一想了。

"凡编户之民，富相什则卑下之，伯则畏惮之，千则役，万则仆，物之理也。""编户之民"是普通人，他看到有地位、有钱的人好像有自卑感，这是人格上的问题了。"伯则畏惮之"，看到人家更有钱会怕的，穷人怕富人，愿意拿点薪水给富人打工做事。他又说如果遇到更有钱的人，愿意做他的仆人。交一个有钱的朋友，都高了，自己脸都争光了。他说这个社会的人情都是"物之理也"，人人都有这种心理。

下面他一层一层地告诉你，"夫用贫求富"，一个人由穷白手起家到富有。"农不如工"，我们讲经济学的基础是农业经济，第二个是工业经济，第三个才是商业经济。现在买股票、期货的人，那是第五六层的经济了，已经不是经济了。所以买股票、期货，我叫它是虚无经济，买空卖空，说是支持实业生产，实际很多是在扰乱实业生产，最后说不定又归于空，这个另外讨论。

他这里告诉你，"夫用贫求富，农不如工，工不如商"——这是司马迁的观点——"刺绣文不如倚市门"，这个很难听了，讲女性的，做手工绣花卖给人家，还不如半开门户，招一些男的，一下就解决了。

"此言末富"，当然，这样的富有是"末富"，白手起家的路。可是人都要钱，"贫者之资也"，穷了没有办法，只好走上这一条路。

"由此观之，富无经业，则货无常主，能者辐凑，不肖者瓦解。"《货殖列传》这几句话千万记住！我看司马迁人生的学问都在这里。"富无经业"，怎么样发财没有一定的，也没有长久的，哪一行、哪一业不一定，最后是靠你的智慧，不能说哪一行对，或者可以一直发达下去。

第二个，"货无常主"，财富不会永远属于你的。我也常常告诉大家，财富是个什么东西？拿哲学道理，尤其是佛学的道理讲，财富属于你的所用，不是你的所有。你一生再多的钱，只有临时支配的使用权，并不是你的所有，而且只有你用到的、真用得对的，才是有效的，否则都不是。

我们从妈妈肚子里出来，两手空空的，最后还是两手空空地走。孩子生下来，这个手就是抓着，大指头放在里面。人一辈子都是抓，光着屁股来，什么都抓，到死的时候放了，这就是人生。

所以我常常给大家讲，有一个经济学你们没有看过，释迦牟尼佛的经济学。释迦牟尼佛他讲一个原理，他说这个钱啊，你只有五分之一的临时支配权，有五分之四不属于你的，财富多的也一样。他说第一份要给政府；第二份是盗贼的，骗你、抢你的、偷你的钱；第三份属于你的疾病；第四份属于你的家人、兄弟、朋友。除了这个以外，你只剩下五分之一。这五分之一，还并非你的所有，只是你临时可以支配使用而已。我说他的经济学最高了，其实那五分之一也要自己真正用了，而且用对了，才是有效的。又有一说，世间财物，为五众所共享，

"王、贼、水、火、恶子"。

司马迁这里没有讲得这么深刻，但是他讲"富无经业，货无常主"，要注意，不会永远属于你的。所以中国古人说："富不过三代。"依我这八九十年的经验来看，三代都不会，富不过二代的很多。一下子就变了，没有了。所以"能者辐凑"，有能力的就赚来，其实不仅仅是靠能力或劳苦，还要其他很多因素凑拢来，像车子的轮子一样，一条一条辐条凑拢来。"不肖者瓦解"，能力不够了，或者其他条件不行了，一下就没有了。

"千金之家比一都之君，巨万者乃与王同乐。岂所谓素封者邪？非邪？"司马迁在这里讲，他说有千金财产的人，"比一都之君"，好像与地方首长平起平坐。达到百万，现在不是百万了，就是你们讲的多少个亿。他说达到这个，"乃与王同乐"，他的享受比部长、省长乃至国家领导人好。"岂所谓素封者邪？非邪？"他说这个并不需要祖传的，靠自己努力来做到这样。

那么，我们再翻一下这一本资料，最后一页，

"故曰：仓廪实而知礼节，衣食足而知荣辱，礼生于有而废于无。"这个"礼"包括很多，所以，管子的经济政治从这里开始，经济不建立好，这个社会的文化就没有基础；反过来讲，文化没有基础，这个经济社会发展就是个病态，"礼生于有而废于无"。

"故君子富，好行其德"，所以讲文化的修养，好人富有了，做好事，做功德。"小人富，以适其力"，没有修养的人发财了，用到享乐上，或者做坏事去了，或者继续再投资，为了钱而赚钱，至于怎么样用钱才好，根本不懂。

所以，"渊深而鱼生之，山深而兽往之，人富而仁义附焉"，这是三句重点的话——水很深了，养很多的鱼；山很深了，里头很多的生物；人富有了，一个人有了财富，要养仁，讲仁义道德；等等。不是说人富有了自然会有仁义道德，那是要提醒自己反省自己，要修养才会有的。

"富者得势益彰，失势则客无所之，以而不乐"，所以呢，树倒猢狲散，猴子是为了桃子才来的。不是只有财富吸引人，道德学问的富有，也会吸引人来学习归附。"富者得势益彰",富有了,得到势力,有机会更发展。"失势则客无所之",你倒霉了,朋友也没有了。所以你的朋友很多,要考虑考虑是你的道德关系,还是你财富的关系,自己要反省。

"谚曰:千金之子,不死于市,此非空言也。"从前的谚语说:有钱家庭的孩子,不会死在路上,总是有人招呼的。没有人招呼,算不定就死在哪里。

"故曰:天下熙熙皆为利来,天下壤壤皆为利往"——这是司马迁的名言。

"夫千乘之王,万家之侯,百室之君,尚犹患贫,而况匹夫编户之民乎!"他有一个结论,谁都怕穷,可是反过来看,人究竟富有到什么程度才满足?看了这几句话,你可以答复,人永远不满足。"千乘之王"是皇帝,"万家之侯"是诸侯,"百室之君",地方的首长。他说每个人,不管官多大、钱多少,随时仍觉得不够。依我的经验,我常常告诉同学们,人生啊,永远感觉到缺一间房间,身上永远感觉缺一块钱,所以,"千乘之王,万家之侯,百室之君,尚犹患贫",那么有力的人,自己还感觉到不够,不满足,"而况匹夫编户之民乎",所以,一般人的欲望是不会满足的。这是司马迁在这一段的结论。

关于《货殖列传》,我再强调一次,我们手边拿到的资料,是不齐全的,要研究正式《史记》上全套的《货殖列传》。

司马迁的文章,在那个时代写的,他避开政治的迫害,就是说还是担心汉武帝的,可他不管政权与帝王,一个学者尤其是管历史学的学者,要公平,所以,他写的文章很难看懂,有时候把要点放到每个传记上去了,常常一两个字包含意义很深很深。所以写文章、写历史、作《春秋》,有四个字——"微言大义",有一句不相干的话,或者两三个不相干的字,不要放过。那个微言,轻轻地点你一下,中间包含的意思非常多,这叫微言大义。

——《漫谈中国文化》

《货殖列传》的妙论卓见

此谓国不以利为利,以义为利也。长国

家而务财用者，必自小人矣。彼为善之。小人之使为国家，菑（灾）害并至，虽有善者，亦无如之何矣。此谓国不以利为利，以义为利也。——《大学》

这是曾子著《大学》大论最后结尾的一段话，看来他是针对当时鲁国内政以及春秋末期诸侯各国所说的。因为这些诸侯国家，都是胡乱增加赋税，搜刮民间社会的财富，归于诸侯私家公室，以充实权位与富贵。同时他也看到当时诸侯各国以及鲁国内政争权夺利的结果，的确是"灾害并至"，大多都成为不可收拾的败亡局面，因此有感而发，坦率提出他的"危（正）言危（正）行"，作为警世晨钟的名言。

但很可惜地，由于他最后的几句结语"长国家而务财用者，必自小人矣。彼为善之。小人之使为国家，菑（灾）害并至，虽有善者，亦无如之何矣"，却被秦汉以后历来读儒书出身的学者们，硬要用来学做"圣贤"金科玉律的教规，对于"钱""财"二字，视为毒害。甚至平时多谈这两个字，就会变成"俗物"。可是，不随流俗，特立独行的学问修养，毕竟不易做到。因此，一般的读书学"儒"的知识分子，大多成为"既要清高又怕穷"的矛盾心理状态。一旦考取功名，跻身政要以后，既不懂经济财政，更不懂在国家社会人民之间如何理财致富，而达到富国强兵的妙用。好像都是误解了曾子著《大学》最后的几句话，变成了孙悟空头上的金箍咒一样，一听就要头痛打滚，非常可笑。所以中国有两三千年丰富记录的历史资料，所谓"二十五史"或"二十六史"，好像都是一部人事经历的资料档案。对于财政、经济、生产、消费之间社会的财经变化态势，和人事史料来对比，简直少得可怜。

在中国的历史上，特别注重经济发展，先行富有财政而建国的人，在秦汉以上突出的只有两个半人物。第一是姜太公吕尚的治齐，开发渔盐之利，建立了当时滨海落后的齐国，后来的子孙才得以富国强兵，称霸中原，经春秋战国直到秦汉时期，约七八百年而不衰。第二是管仲的治齐，也是先由发展经济着手，然后才能做到"一匡天下，九合诸侯"的霸主局面。另外半个，就是范蠡师法"计然子"的一部分学术，帮助越王勾践复仇雪耻，然后自己飘然隐遁，变更姓名为"陶朱公"，三聚三散，用致富来"玩世不恭"。

至于读儒书而搞财经失败的，倒有东汉时期的王莽和北宋时期的王安石。首先著作与经济、财政、赋税有关的专论，只有汉宣帝时代桓宽的一部《盐铁论》。但仍然是根据"六经"，不外以儒术为民请命的要旨，并非专就盐铁之利来加以发挥。又有后魏贾思勰著《齐民要术》。至于如汉武帝时代的桑弘羊、车千秋辈，以商人出身参与财政经济政策的，历来就不为读书出身的儒家学者所重视，甚至还鄙薄之而不值一谈。其他，如唐代的财经名臣刘晏，也是不齿于"儒林"，实在有欠公允。史载：

> 晏有精力，多机智。当安史之乱，户口什亡八九，州县多为藩镇所据，朝廷府库耗竭，

皆倚办于晏。其用人，必择通敏精悍廉勤之士。出纳钱谷，必委之士类。吏惟书符牒，不得轻出一言。凡兴举一事，必须预计使任事者私用无窘，而后责其成功。又以户口滋多，赋税自广，故其理财以爱民为先，为后来言利者所不及。

但终亦以功高，而蒙冤构陷赐死。无论帝王专制时代或民主时代，古今一例，"谤随名高"，名臣毕竟难为，这也是人群社会必然性的矛盾啊！

现在我们为了研究曾子《大学》大论的结语，牵涉到"治国平天下"之道的经济发展，和财政调配的义利之辨，顺便约略提出历史上的一些相关资料，用来作为"义利之辨"的反面感慨之谈而已。因为实在没有时间为儒家学说和财经思想做专题讨论，只好到此打住。回转来再讲曾子本身，他一生的言行如一，确实做到了"义利之辨"，毕生清高廉洁自守，不愧于平生学问修养"择善固执"的风范。

我们为了浓缩时间，就同时列举孔门高弟如曾子、原宪，以及兼带牵涉到子贡的三个故事，作为大家自己去寻思研究的参考资料。《韩诗外传》记载：

曾子仕于莒（开始出来做鲁国莒邑的地方官），得粟三秉（得到发实物的薪俸有粟四十八斛。古代以十斗为一斛，十六斛为一秉）。方是之时，曾子重其禄而轻其身（在这个时期，曾子是只注重待遇的收入，而轻视自己本身的得失）。亲没之后，齐迎以相（当他父亲死了以后，齐国欢迎他去做宰相），楚迎以令尹（楚国也欢迎他去做宰相，楚称宰相为令尹），晋迎以上卿（晋国也欢迎他去做宰相，晋称宰相为上卿。但他都推辞了，不肯出去做官）。方是之时，曾子重其身而轻其禄（在这个时期，曾子是专心重视他自己本身的学养与出处动机的该和不该，因为已经没有必须孝养父母的负担了，所以他就不重视俸禄的待遇丰薄，和官职地位的高低等问题了）。怀其宝而迷其国者，不可与语仁（如果本身怀有学养的高尚至宝，但却不肯出来挽救自己国家的危乱，那就没有资格谈什么仁心仁术了）；窘其身而约其亲者，不可与语孝（如果故意自命清高而死守穷困，也不顾父母生活困难的痛苦，那还谈得上什么孝道呢）；任重道远者，不择地而息（一个人本身挑着重担，前途又很遥远，为了完成责任，就不会挑选什么地点，都可以随地休息，保持精力达到任务）；家贫亲老者，不择官而仕（家里既然贫穷，父母又年老体衰，为了孝养父母，就不需要挑选官位大小，只要收入足够赡养父母，便去做了）。故君子桥褐趋时，当务为急（所以说，是真君子的人，穿着旧鞋和破棉袄，急急忙忙地向前赶去，只是为了当时实在有迫切的需要）。《传》云："不逢时而仕，任事而敦其虑，为之使而不入其谋，贫焉故也！"（所以《韩诗外传》的作者韩婴，为他所传的《诗经》作这样的解说：一个人生不逢时，但不得已还是需要出来做官做事。既然担任了职务，就必须尽量尽心做好。可是只肯听命去达成任务，而不愿参与他的内部计谋。那是为了什么原因呢？

因为他只是为了解决一时的贫困，并不是他要完成学养思想的真正目的啊)《诗》曰："夙夜在公，实命不同。"(所以《诗经》上说：我虽然昼夜都在忙着做公家的事，但是我对生命意义的看法，自有不同的观点。只是一时命运的安排，现在只好这样做而已)

我们现在引用了《韩诗外传》，首先提出曾子为家贫亲老而仕的一节故事和评论，可以作为说明曾子在《大学》结语所说，对于当时诸侯之国的为财货与政治道德之间的"义利之辨"的观点，他是身体力行其道而自做榜样，是真实"儒行"的风格。同时，由此了解《大学》结语所说的道理，并不是专对治国平天下的经济、财政的专论。但也并非说它对于"治平"之道的财经作用上，就可忽略"义利之辨"的重要。从"治平"之道来讲，计较的是为"国家天下"全民的大利大义的"义利之辨"，并非专指一身的小节了。至少，我所见的是如此，且待诸公自己去研究吧！

至于孔门高弟,在春秋末代的时期里,除了子贡一人别有他的胸襟怀抱以外,其他如颜渊、曾子、原宪等,所谓七十二贤人之中,大多是属于对时代的反动,有"不同意"主张的清流人士,与后世宋儒的"儒林"、道学大有不同。其中突出对比的两人,便是原宪和子贡的故事。《韩诗外传》记载:

> 原宪,字子思。宋(国)人也。读书怀独行君子之德义,不苟合当世(不和当时社会的风气同流合污),当世亦笑之(所以当时社会上人,也觉得他很可笑。这是司马迁的记载)。其为人也,清静守节,贫而乐道。居环堵之室,蓬户瓮牖,桷桑无枢,匡坐而鼓歌。子贡肥马轻裘往见之,宪正冠则缨绝,捉襟则肘见,纳履则踵决。子贡曰:"嘻!先生何病也?"曰:"无财之谓贫,学不能行之谓病。宪贫也,非病也。若希世而行,比周而友,学以为人,而徒有车马之饰,衣裘之丽,宪不忍为也。"于是曳杖拖履,行歌商颂而反,声满天地,如出金石。

子贡耻之。

所谓"子贡耻之"一句，是说子贡等于被原宪的举动羞辱了一顿。当然，子贡不但会经商致富，而且还善于运用谋略的学术而代孔子出马，安定了鲁国受侵略的危机。这个有名的历史故事，可以自取《越绝书》来读，就可明白其中的道理。孔子死后，在曲阜的墓地，也是子贡一手所经营的，而且他还在夫子坟上守墓六年才离去。如果孔门高弟都如颜渊、原宪一样，遁世无闷，甘于清贫，孤芳自赏，行吗？

但我们既然讲到"齐家、治国、平天下"之道，必须先要了解群众、资财、权力三者之间，犹如三根木杆捆在一起的三脚架，缺少一杆就站不起来了。尤其对一个国家的"治国"之道，没有良好的经济财政，必然就没有一个完整美好的政权，那是古今中外千古不易的大原则。你只要看看每一朝每一代的兴亡史迹，最后促使衰败的，必定是先由财政、经济上产生必然的崩溃。但在中国文化中一贯的传统观念，尤其是以儒家道家为主流的学术思想中，认为要解决经济、货财的问题，使"国家天下"得到"治平"的境界，只要从政治上做好，便可达到"物阜民丰"，国家和人民就都可以"安居乐业"了。

如再扩而充之来看，不但只有中国，其他如印度、埃及，甚至所有东方各国文化中的先圣先贤们，差不多也都有这样的观念。当然，西方文化好像也并不例外。可是，到了十八世纪以后，尤其是从英国发生"工业革命"（实业革命）开始，西方文化中渐渐形成对经济学的专注。到了十九世纪开始，在西方文化的思潮中，便形成了以经济为主导来解决政治问题的思想主义等的兴起。因此，直到现在东西双方，乃至全人类的文化思想中，对于这个问题，仍然还在含混不清，思辨难定。究竟是财富的资本影响了政治？或是政治影响了资本的财富？这也等于是哲学上的主题：究竟是蛋生鸡？或是鸡生蛋呢？且待人类慢慢摸索，再去求证吧！

但在中国两千年前的周秦文化时期，比孔子早生一百多年的管仲（？—前645年），却首先提出了"仓廪实而知礼节，衣食足而知荣辱"，以经济为主导的政治方针。后人也有变易这两句原文，说为："衣食足而知荣辱，仓廪实而礼义兴。"这样的意思，是说明有了经济、财货的繁荣社会，才有文化文明的昌盛。"其固然乎？其不然乎？"姑且不论，而在汉武帝时代的历史哲学家司马迁（前145年或135年—前86年），在他所著的《史记》中，特别创作一篇《货殖列传》，意在说明工商业经济的重要性，看来他是在有意无意之间，与历来的儒家学者们唱反调似的。其实，司马迁的思想主要是来自道家老子学说。但在《货殖列传》的论述中，也只好搁置"无为之治"的上古高远理想，随着时代社会的趋势，与管仲"经济政治"的观念先后互相唱和，确实具有启发性的卓见，应该算是不可不读的名文，大有助于"内圣外王"之学的慧知啊！现在我们摘引他原文开始的三段重点，作为研究的参考。

（一）太史公曰：夫神农以前，吾不知已。至若《诗》《书》所述，虞夏以来（从虞舜、夏禹时代开始），耳目欲极声色之好（人们的耳目已经习惯了美声丽色），口欲穷刍豢之味（嘴巴已经吃惯了好吃的米面和畜牲的肉味），身安逸乐（身体已经习惯安逸快乐的享受），而心夸矜势能之荣（而且在心理意识上，已经习惯浮夸、骄傲，羡慕权位和势力的荣耀），使俗之渐民久矣（这些风俗习惯，是由上古以来渐渐地逐步所养成，后来的人们便认为是自然地当然如此了）。虽户说以眇论，终不能化（你想挽回人心，恢复到如上古时代的淳朴自然，虽然你挨家挨户去劝导，也是枉然，始终不会达到"化民成俗"的崇高理想）。故善者因之（所以善于运用的人，便只好用"因势利导"的办法），其次利道之（次一点的办法，就用利字当头，诱导他上轨道），其次教诲之（再其次的，只好取用严格规范的管教方法来教导他们了），其次整齐之（管教也达不到目的，就只好订立法律规章来整齐划一地统治），最下者与之争（最下等的办法，就是和他们恃强争胜地斗争）。

(二)《周书》曰:"农不出则乏其食,工不出则乏其事,商不出则三宝绝,虞(农林畜牧)不出则财匮少。"财匮少则山泽不辟矣(没有土地、山林、畜牧、海洋的资源,就没有办法发展经济的开放了)。(至于农工商和山泽的资源)此四者,民所衣食之原也。原大则饶(资源多就富有),原少则鲜(资源少的就很贫困了)。上则富国,下则富家。贫富之道,莫之夺予(贫穷与富有,是不可以靠抢夺过来,或是施舍给人的),而巧者有余,拙者不足(这都需要人的聪明智慧去设法取得的,所以灵巧勤劳的人,就富裕有余,愚笨懒惰的人,就始终不够用了)。

(三)故曰:"仓廪实而知礼节。衣食足而知荣辱。"礼生于有而废于无(礼义文明是产生在富有的社会和家庭。贫穷的家庭和社会,什么文化文明,也都变成浪费了)。故君子富,好行其德;小人富,以适其力。渊深而鱼生之,山深而兽往之,人富而仁义附焉。富者得势益彰

（富有的人有权势的支持，就更辉煌），失势则客无所之（失势的人，宾客朋友就不会来了），以而不乐。夷狄益甚（夷狄中的势利观念更加明显）。谚曰："千金之子，不死于市。"此非空言也。故曰："天下熙熙皆为利来。天下壤壤皆为利往。"夫千乘之王，万家之侯，百室之君，尚犹患贫，而况匹夫编户之民乎！

在司马迁《货殖列传》这篇文章里，他讲到子贡，便说：

既学于仲尼，退而仕于卫。废著鬻财于曹鲁之间（废著，古人解为储蓄和卖出。我认为应该解释为得空顺便的时候。鬻财，就是做买卖）。七十子之徒，赐（子贡）最为饶益（富有）。原宪不厌糟糠，匿于穷巷。子贡结驷连骑，束帛之币以聘享诸侯（一捆捆地带着通货的帛币，和诸侯们做交际往来上的礼物）。所至，国君无不分庭与之抗礼（他到哪一国，哪一国的君王们都要待他犹如国宾一样的对等礼遇)。夫使孔子名布扬于天下者,子贡先后之也。此所谓得势而益彰者乎!

司马迁写这篇《货殖列传》的文章,夹叙夹议,妙论卓见很多,大有深意存焉!你们自己去研究吧!他的最后结论,便说:

由此观之,富无经业(发财,没有一定要某种事业才可以的),则货无常主(财货也不固定是属于哪一个主人的),能者辐凑,不肖者瓦解(能干的就愈来愈多,不行的就破败不堪了)。千金之家比一都之君,巨万者乃与王者同乐。岂所谓素封者邪(难道都是靠上辈素来有封爵的遗产而得来的吗)?非也(不是的,都是靠自己的智力勤劳而成功的)。

我们为什么在讲《大学》"治国平天下"的结语,硬要拉扯到《货殖列传》来做讨论呢?因为我读历史,每每发现古人被《大学》最后结语"长国家而务财用者,必自小人矣。彼为善之。小人之使为国家,菑(灾)害并至,虽有善者,亦无如之何矣。此谓国不以利为利,以义为利也"的一段话镇住了,并未好学深思它的真义所在。因此,不惜眉毛拖地,特别点出其中的关键所在。既可还了曾子著《大学》的本来面目,又免得后儒们盲目追随两宋以来的理学儒家们所误解的蛊惑。讲到这里,同时我又想起雪窦禅师的一首偈子说:

一兔横身当古路　苍鹰瞥见便生擒
可怜猎犬无灵性　空向枯桩境里寻

读书求学,自当有顶门上一只眼,取其精华,舍其糟粕,不可妄自菲薄,盲目随人说长话短,死死啃住古人的遗骨、唾余啊!

至于补充《大学》结语,有关《大学》的"明德之用"和"义利之辨"的"至言",我现在便为大家引用《易经·系传》上的话,作为总结。只是原

文照抄,就不另加说明了!如说:

"显诸仁。藏诸用。""富有之谓大业。日新之谓盛德。"(《系传上》)

"天地之大德曰生。圣人之大宝曰位。何以守位曰仁。何以聚人曰财。理财、正辞。禁民为非曰义。""子曰:小人不耻不仁。不畏不义。不见利不劝。不威不惩。小惩而大诫,此小人之福也。"(《系传下》)

——《原本大学微言》

《孟子荀卿列传》：天命与人事

春秋无义战

我们都知道，远距我们现在大约两千五百年前，我们的历史上，出现一个非常紊乱的时代，也可以说是我们历史文化转变的伟大时代。当然，这只是站在我们现在的立场，事不干己，无切肤之痛地加个评论而已。如果我们也生长在那个时代，在那种痛苦悲愤的现实环境里，大概就不会说这是个伟大的时代了。这个时代，也就是有名的春秋战国时期。春秋、战国，这两个名词所包含的时代，都有几百年之久，如果我们用人物作中心代表来讲，孔子是春秋时期，孟子却是到了战国时期了。春秋时期也罢，战国时期也罢，这两个时期衔接起来有四百多年的时代，却是我们民族最痛苦的阶段，打打杀杀，乱作一团。

可是在后世看来，这个时期，则是百家争鸣、诸子挺秀的时代，也为我们后世子孙奠定了博大精深的文化基础。这深厚的文化，一直流传到现在，也会一直延续到未来。

我们知道，孔子当时亲身经历了痛苦时代的忧患。他在晚年，系统地整理了中国文化的宝典，删诗书、订礼乐之外，他又集中精力，根据他本国鲁国的历史资料，开始著作了一部最有名的历史和历史哲学的书——《春秋》。

在这部书里，记述了东周以来两百多年的政治、社会、军事、经济、教育等等变乱的前因后果，同时也包含了对于历史人文、文化哲学的指示——如何是应该？如何是不应该？怎样才是正确的善恶？怎样才是正确的是非？

我们先要大概了解一下春秋时代的大题目。那个时代侵略吞并的战争，绵延继续了两百多年，由西周初期所建立的"封建"的文化基础，开始逐渐地被破坏，社会的紊乱、经济的凋蔽，所给予人们的痛苦，实在太多。现在我们简单引用董仲舒的话，便可知道那个时代乱源的要点：

> 夫德不足以亲近，而文不足以来远，而断之以战伐为之者，此固春秋之所甚疾已，皆非义也。

董仲舒认为，在那个时代，各国诸侯之间的霸业，都不培养道德的政治基础，因此政治道德衰落，国与国之间，人与人之间，谁也不相信谁，彼此不敢轻易亲近，所谓"德不足以亲近"。对于文化的建立，更是漠不关心，只顾现实，而无高远的见地。国与国之间，没有像周朝初期那样远道来归的国际道德关系，所以说，"文不足以来远"。因此只有用战争来侵略别人。但是他们每次在侵略的战争上，却加上冠冕堂皇的理由，不说自己要侵略别人，而是找些借口来发动战争,这就是"断之以战伐为之者"。这便是孔子著《春秋》的动机和目的,也是孔子著《春秋》最痛心疾首的中心重点,"此固春秋之所甚疾已,皆非义也"。他说,春秋时代几百年的战争,都是没有道理的。所以也有人说,春秋无义战。

但《春秋》这部书并不是非战论,它特别强调中国文化的战争哲学是为正义而战,所谓"恶诈击而善偏战,耻伐丧而荣复仇"。例如在春秋二百多年之间,大小战争不计其数,只有两次是为复国复仇的战争,那是无可厚非,不能说是不对的。所以他说:

> 今(指春秋时代)天下之大,三百年之久,战攻侵伐不可胜数,而复仇者有二焉。

关于历史文化的破坏,政治道德的没落,则更严重。在春秋二百四十二年间,"弑君三十六,亡国五十二"。人伦文化的道德基础,几乎都被那些有霸权的上层领导分子破坏完了。为什么那个时代会造成这样的紊乱？

以孔子的论断，都是根源于文化思想的衰落，人们眼光的短视，重视现实而忽略了文化发展中的因果。所以孔子在《易经·坤卦》的文言中便说："臣弑其君，子弑其父，非一朝一夕之故，其所由来者渐矣。"后来的董仲舒，发挥了孔子的思想，便说："细恶不绝之所致也。"所谓细恶，便是指社会人士缺乏远大的眼光，对于平常的小小坏事，马虎一点由他去，久而久之，便造成一个时代的大紊乱了。

我们现在不是讲《春秋》，而是介绍孟子所处的时代背景，追溯它的远因，顺便提到《春秋》。继春秋时代吞并侵略的紊乱变局，又延续了两三百年，便是我们历史上所谓的战国时期。紊乱的情形，比春秋时代有过之而无不及。各个强国的诸侯重现实，社会的风气更重现实，苦只苦了一般的老百姓。

在那样现实的时代环境中，孟子始终为人伦正义，为传统文化的道德政治，奔走呼号，绝对不受时代环境的影响，而有丝毫转变。所以，他所继承孔子的传统精神，以及中国文化道德政治的哲学观念，和孔子的文化思想一样，也成为由古到今，甚至将来的颠扑不破的真理。为什么他会有这样远大的影响？这正是我们研究探讨的主题之一。

——《孟子旁通》（上·梁惠王篇）

司马迁写孟子的高明手法

在前面，非常简单地提到战国时期的时代环境。现在我们先来看一下司马迁写《史记》的编撰手法，在他的笔下如何描写孟老夫子，这是非常有趣的事。

本来写传记，一个人有一个人的生平事迹，应该分开来，单独地写。但是司马迁往往会把一两个人的列传合起来写，或者连带几个人写成一堆。难道他是为了节省稿纸，节省笔墨吗？不是的，他是把历史上同一类型的人和事，或者同类之中又完全相反的人和事，配合起来写成一篇。我们读了，可以作一强烈的对比，在互相矛盾、相反相成中找出道理，可以自求启发，从历史经验的镜子中，反映出立身处世的准则。

因此，司马迁写孟子，是拿和孟子有相同类型的荀子写作一篇，叫作《孟子荀卿列传》。在这一篇里，他又举了很多与孟子、荀卿类型相反的人物，相互辉映。

看来他好像偷懒省事，或者是认为那些人不足以另作一篇传记似的。其实不然，一个文人笔下的传记文章，如果有意乱扯，加上文字渲染的话，小题大作，大可洋洋洒洒，各自构成专篇。可是司马迁的风格，是有他的哲学的、学术的中心思想，他绝不愿意乱来。

所以，他在这篇文章中带出了战国当时一大堆的有名诸子，并非是漫不经心地随意而为，实在是有他聪明绝顶、度金针而不落言诠的妙用。我们读《史记》，几乎和《春秋》三传一样，任何一字一句，绝不可以轻易放过。甚至《史记》中任何一个表，都不是随便绘制的。

他写孟子、荀子，同时又连带写出与孟子相同时代中的风云人物，如商君（鞅）、吴起、孙子、田忌。又说"齐有三驺子",当然极力描写三驺子中的另一位谈天文、说地理、讲五行之学,大受当时人们所重视、尊敬,不像对孟子那样的冷落、凄凉——驺衍。

从驺衍以次,又说:"齐之稷下先生,如淳于髡、慎到、环渊、接子、田骈、驺奭之徒。"到此先告一段落。当然,也包含了同一时代性的人物关系。

再以后便写荀子(卿),由荀卿而连带说到庄子、墨子、公孙龙、剧子、李悝、尸子、长庐、吁子,等等。不过加上一句:"自如孟子至于吁子,世多有其书,故不论其传云。"我们要注意他这句"不论其传"一词的涵义,很有深度,也颇有味道。

最后,又孤零零地吊上一小节关于墨子的事,这是对墨子时代还待考证的附带说明。如说:"盖墨子,宋之大夫。善守御。为节用。或曰并孔子时,或曰在其后。"

我们读《史记》,随处可以看到司马先生这些巧妙、幽默,有高度启发性,与睿智存疑等等的编撰手法。所以说好好地仔细读它,可以启发慧思。

我们读《孟子》一书，开宗明义的第一章《梁惠王》——孟子见梁惠王，一开始，便可以看到孟子当时一种受尽冷漠歧视的味道。同样地，司马迁写孟子，首先也引用了这一段，然后才说到孟子的籍贯、出身、学历，说明孟子是孔子的孙子子思的门人（至于说孟子并非子思的学生，则是另一考据的问题。司马迁很可能弄错了）。《史记》上的这篇也和《伯夷列传》差不多，没有太多的叙述就完了。只说孟子阐述孔子的学说思想，作了七篇书，就是我们手里拿到的这本《孟子》。

古今中外，许多被后世认为是多么伟大、能影响千秋万世的人物，在当时，大多数都是那么凄凉寂寞的。就因为他在生前不重视短见的唯利是图，对自己个人，对国家天下事，都是以如此的人品风格来为人处世的。像孟老夫子那样的人，如果当时稍微将就一点，自己降格以求，迁就一点现实，那便不同了。

更妙的是，司马先生举出驺衍来，与孟子当时的处境作一强烈的对比。

在孟子见齐宣王、梁惠王，陈述那些理论思想的时候，是如何地受到冷落，我们慢慢且看《孟子》的本文，便可知道。可是与孟老夫子同时代的驺衍他们，比起孟子所受的待遇，便大大不同了。

> 驺衍睹有国者益淫侈，不能尚德，……乃深观阴阳消息而作怪迂之变，……其语闳大不经，必先验小物，推而大之，至于无垠。……（有关学说方面未录）
>
> 是以驺子重于齐。适梁，惠王郊迎，执宾主之礼。适赵，平原君侧行撇席。如燕，昭王拥彗先驱，请列弟子之座而受业，筑碣石宫，身亲往师之。

我们读了这段历史资料，便可以看到与孟子同一时代的驺衍，也同孟子一样去见过齐宣王、梁惠王。甚至还到过燕、赵两国，受到燕昭王无比的崇敬。他当时的声望之高，所受各国诸侯们的欢迎款待，那种威风，那种排场，假如从重视现实虚荣的社会眼光来看，驺衍当时的威风架子实在摆足了。哪里像梁惠王对待孟子那样，毫不客气地称呼一声："叟！不远千里而来。"满不在乎的味道。至于齐宣王，对孟子也并不表示太大的欢迎。

可是驺衍呢？"重于齐"，他在齐国极受尊重，连一般的知识分子稷下先生们，也连带地受他影响，都受到齐王的敬重、优待。

驺衍到了魏国（梁），梁惠王亲自到郊外去迎接他，等于现代，一个国家的领袖，亲自到飞机场去迎接他一样隆重。而且梁惠王以国宾的大礼接待驺衍，所谓"惠王郊迎，执宾主之礼"，就是当时现场实况的记录。

驺衍到了赵国，"平原君侧行撇席"，赵国有名的权贵豪门平原君，不敢和驺先生并排走路，只小心翼翼地侧着半个身子在后侍从，比礼宾司的大礼官还要恭顺。到了行馆以后，请驺先生坐下，平原君亲自用自己的衣裳把那个座位打扫清洁一下，表示恭敬。

可是这种情形，在古代文字的艺术上，司马迁只用了四个字，便描述得淋漓尽致，他只用"侧行撒席"就够了。由此看来，今古文学写作的技巧艺术有如此的差别，所以现在从白话新教育入手的青年同学们，便要特别细心地去读，去研究，不可以马马虎虎。

驺衍到了燕国，那更神气了。当时鼎鼎有名的燕昭王，"拥彗先驱"，亲自到国境边界去接他，而且手里还拿着清道用的扫把，表示做他学生一样地为他开道。接到了王宫以后，"请列弟子之座而受业"，请求做他的学生，愿意和驺先生门下那些弟子同样地受业。因此特别为了驺衍新建一座碣石宫来供养他，常常亲自到驺先生所住的地方来听课，和一般学生对待驺老师同样地恭敬。

我们读了司马迁这几句书，可以看到他用简短的文字，就把战国时期享有盛名的学者之光荣事迹，扎扎实实地记述下来，而且特别只附带写在孟子和荀子的传记里，这岂不是一种极高明的编导手法？拿当时极受尊敬的驺衍，和备受冷落的孟子作强烈的对比，给大家看。这是历史时代的悲剧？还是人生的悲剧？抑或闹剧？或者是现实荣华和千古盛名的对照呢？这就要大家自己去深思，去自我启发了。

我们在座的，以及社会上各方面，许多人都在感叹这个社会、这个时代太重现实。其实，在任何时代，任何地区，人活在世间，就要生存；渐渐地，慢慢地，不知不觉就会重视现实。感叹别人重视现实的我们，在基本的生活和生存条件上，老实说，有时又何尝超越现实？何尝不重视现实呢？只是角度不同，观点不同，程度不同而已。

可是却有极少数的人，他始终漠视现实，为崇高的理想而努力，放弃自我而为天下人着想，不顾自己短暂一生的生活现实，而为千秋万代着眼。因此，也就受到人们一种超越的崇敬，称他为"圣人"了。

这个道理，其实不用我们来说，司马迁在《孟子》这篇传记里，已经很巧妙地透了消息。他在本篇里评述驺衍说：

> 其术皆此类也。然要其归，必止乎仁义节俭，君臣上下六亲之施，始也滥耳。王公大人

初见其术，惧然顾化，其后不能行之。

在全文里，他说驺衍先用阴阳玄妙的学术谈天说地，讲宇宙人生与物理世界因果交错的事，玄之又玄，妙之又妙，听的人个个为他倾倒。其实驺衍这套学术，就是中国上古理论物理科学的内涵，也是上古科学的哲学内涵，如未深入研究，也不要随便轻视。

不过，以司马先生的观点看来，驺衍他的本意，也和孟子一样，深深感慨人类文化的危机，尤其当时国际间政治道德的衰落，社会风气的奢侈糜烂，他为了要有所贡献，希望改变时代，只好先推一套容易受人欢迎、接受的学术出来，玩弄一下。其实，他的本意，还是归乎人伦道义，所谓"仁义节俭，君臣上下六亲之施"。他那些谈阴阳、说玄妙的学术，只是建立声望的方法而已，所谓"始其滥耳"。

当时那些王公大人们，一开始接触到驺先生的学术思想，惊奇得不得了，都愿意来接受他的教化。等到驺衍真正要他们以人伦道德来作基础的时候，他们便又做不到了。

这种现象，你只要看看秦始皇、汉武帝他们的求仙求道、求长生不老的历史故事，以及当代一般学各种宗教神秘学人们的作为，便可了解"千古皆然，于今尤烈"。

再从轻松一点的角度来讲，也正如清人赵翼的感慨，一个人若是要求文学艺术的成就，往往和现实生活发生冲突，产生矛盾不安的心理。因此，他的《论诗》中说："诗解穷人我未空，想因诗尚不曾工。熊鱼自笑贪心甚，既要工诗又怕穷。"

司马迁的论述观点还没有完，他又说：

> 其游诸侯，见尊礼如此，岂与仲尼菜色陈蔡，孟轲困于齐梁同乎哉！故武王以仁义伐纣而王，伯夷饿不食周粟；卫灵公问陈，而孔子不答；梁惠王谋欲攻赵，孟轲称大王去邠。此岂有意阿世俗苟合而已哉！持方枘欲内圆凿，其能入乎？或曰：伊尹负鼎而勉汤以王，百里奚饭牛车下而缪公用霸。作先合，然后引之大

道。驺衍其言虽不轨，倘亦有牛鼎之意乎？

这里劈头第一句话，就说驺衍在那个时代，"其游诸侯，见尊礼如此"，受到国际间尊重的情形，有上面所说的种种荣宠。跟着便说驺衍当时的情形，哪里像孔子周游列国时，还在陈蔡之间受到饿肚子的遭遇；又哪里像当时的孟子，始终在齐梁之间受到穷困的苦恼。

但是，话又说回来，世界上的人和事都很难说，有的人一味重视现实，有的人却轻视现实。例如周武王以仁义作号召，结果讨伐纣王以后，自己做起皇帝来了。所以像伯夷、叔齐他们，觉得这种假仁假义是很可耻的事，宁可饿死在首阳山，也不下山来吃他周朝的饭。

接着，司马迁又以孔子为例：卫灵公有一次问他军事方面的事情，孔子闭口不答。孔子并不是不懂军事，只是不愿意再加重他们军国思想的野心而已。

同样地，梁惠王在出兵侵略赵国之前，也向孟子请教过，结果，孟子避开正面的问题，只告诉他周代的先祖——太王（古公亶父）的一段故事。古公亶父原本定居在豳（又作邠），由于政治清明，人民生活非常安乐。后来受到戎狄的侵犯，国人愤慨，要起而对抗。但是古公亶父却不忍心战场上的杀戮，于是忍痛离开自己的乡土、国业，改迁到岐山山下。大多数的豳人，由于爱戴他的德政，也都随他迁居。而后经由季历、文王的发扬光大，各地人民自动前来归附，竟拥有了三分之二的天下。到武王时，很轻易就取代了残暴的纣王，而改国号为周。

司马迁接着说，孔子、孟子他们，并不是不懂得怎样去"阿世苟合"，向时代风气妥协，为了自己本身的现实利益，随便去迎合别人的意见。实在是非不能也，是不肯为也。所以宁可为真理正义穷困受苦，也不愿苟且现实，追求那些功名富贵。因此，他们所讲的那些天理人伦、政治道德的理想，对于现实社会，就好比拿一个方形的塞子，要把它放进一个圆形的孔中一样，彼此都是格格不入的，哪里能够达到救世济人的目的呢？"持方枘欲内圆凿，其能入乎？"

随后司马先生又举例：商汤时代，伊尹不得志的时候，为了实现他的理想，想尽办法，去做商汤的厨师。因此受到商汤的赏识，请他当辅相，发展了他的抱负，使商汤成为历史上的名王，他自己也达到实现理想的目的，而名留千古。

又像春秋末期的百里奚一样，在他穷困的时候，只帮着那些赶牛车的人喂牛，混口饭吃。但结果他利用了喂牛的机会，而受到秦缪公的重视，请他当辅相，因此使秦始皇的上代富强起来。

这些过去历史上的人物，也不错啊！为什么呢？有理想，有抱负，尚未得志时，不妨将就别人一点，先取得别人的信任，肯与你合作以后，才慢慢地引导他们走上大道。"作先合，然后引之大道。"那也是一种处世的办法啊！

比如像驺衍，他当时的学术、言论、思想，虽然看起来很怪，不合于学问的大道，好像是"语不惊人死不休"，但是他因此受到国际间的重视。所以，这也许是他一种入世处世的方法。他最终的目的，是要引导当时那些执政者，慢慢地走上仁义道德的政治路线。那么，他的用心，也便同伊尹的拿菜铲和百里奚的喂牛一样，都是别有苦心的了！

至于说，究竟是孔子、孟子那种严正的做人处世的态度对呢？还是驺衍他们那种立身处世的方式对呢？碰到这种问题，司马迁往往不下一个肯定的结论，这是很有趣味、也很高深的人生哲学的问题。有矛盾，也有相辅相成的作用。是与非，由读者自己去作答案。司马先生的手法，往往就是如此的高明。把一切正反两面的资料，都放进孟子的传记里，陈列摆设在你的眼前，而且也加上说明。你买了票，参观了这些资料以后，你要的是哪一样，但各取所需，各凭所好了。不过，此中含有真意，不可随便，不可马虎。

附带地再说明一下，他在这篇《孟子荀卿列传》里，最后说到荀子，他有同孟子一样的理想，但是做人处世的方向又同中有异。荀子的晚年，就到了南方的楚国，当了楚国的属地兰陵（山东）地方的首长——兰陵令。后世发展成为世家大族。

人生遭遇，有幸与不幸，虽曰人事，岂非天命哉？虽曰天命，岂非人事哉？司马迁又不作肯定的评语，这等于你坐上公共汽车，或在公共场所，往往看到"银钱行李，各自小心"的警语一样有味道。对吗？

——《孟子旁通》（上·梁惠王篇）

何必羞于谈"利"？

司马迁写《孟子列传》，是把孟子与荀卿的列传合写成篇的。关于孟子传记部分，他也是以孟子见梁惠王这一段思想作重心来述说的。如说：

> 孟轲，驺（邹）人也。受业子思之门人。道既通，游事齐宣王，宣王不能用。适梁，梁惠王不果所言，则见以为迂远而阔于事情。当是之时，秦用商君，富国强兵。楚、魏用吴起，战胜弱敌。齐威王、宣王用孙子（膑）、田忌之徒，而诸侯东面朝齐。天下方务于合从（纵）连衡（横），以攻伐为贤，而孟轲乃述唐、虞、

三代之德，是以所如者不合。退而与万章之徒序《诗》《书》，述仲尼之意，作《孟子》七篇。

根据《史记》列传的记载，关于孟子的生平，只有短短一百三十七字。有关孟子千秋事业的思想方面，已有他自己七篇的本书，用不着司马迁再来述说。他在本传里，只提出他政治思想的要点，要主张传统文化的王道精神，既不愿讲当时侵略吞并的不义之战，也不愿只讲霸术。所以和梁惠王当然也谈不拢，这是王道与霸业、圣贤与英雄分野的必然结果。

但是他又把孟子与梁惠王这一段主要的对话，比较详细地埋伏在《魏世家》中有关梁惠王的一段记述里，他说：

惠王数被于军旅，卑礼厚币以招贤者。驺衍、淳于髡、孟轲皆至梁。
梁惠王曰：寡人不佞，兵三折于外，太子虏，上将死，国以空虚，以羞先君宗庙社稷，寡人甚丑之。叟，不远千里，辱幸至弊邑之廷，将何以利吾国？

孟轲曰：君不可以言利若是。夫君欲利则大夫欲利，大夫欲利则庶人欲利。上下争利，国则危矣。为人君，仁义而已矣，何以利为！

由于司马迁写《史记》，处理资料的手法太高明了，如果不再三仔细地读完全部《史记》，细心留意揣摩，往往许多历史哲学的重点被他的手法瞒过，也被自己粗心大意读书所误，而不知道司马迁的微言重点所在了。

他写孟子传记，只是述说孟子之所谓孟子的正面，等于照相的正面全身大照。但是对孟子的侧影或背后的记录，司马迁也不免有些惋惜之意的微辞。可是他把它插进《魏世家》当中去隐藏起来，要读者自己慢慢去寻找、去体会。

他说梁惠王自从兵败国破，迁都到大梁以后，心情也真够恶劣万分。但是他还想力图振兴，还肯"卑礼"——很有礼貌地，"厚币"——用很高的费用，邀请招待各国的名贤当顾问。例如驺衍、淳于髡、孟子都因此而被邀请到大梁来了。梁惠王也很坦率地告诉他们自己的心境非常恶劣，处境也很尴尬，如记载所说：

"我（寡人）真不行！这多年来打了三次败仗，我的儿子（太子申）被齐国俘虏了，我的得力上将也战死了。弄得国家非常空虚，实在羞对祖宗和国人，我对目前的局势觉得太惭愧了。"

他又对孟子说："老先生，你不辞千里的辛劳来到敝国，实在是我们的荣幸。不知你将如何为我国谋利？"

孟子说："惠王，你不可以这样过于注重利益。你做领导人的这么重视利益，那些高级臣僚的卿大夫们，也就只顾自己的利益。等而下之，所有国民，就都争取自己的利益。这样子上下争利，你的国家就太危险了。做一个领导人，只要提倡仁义的基本精神就好，何必讲究什么利呢？"

如果依照司马迁这一段的记载，我们读了以后，不免拍案叫好，好极了！可爱可敬的孟夫子，讲的道理是真对。但是梁惠王这个时候，好像是百病丛生，垂死挣扎的危急。你这包颠扑不破、千古真理的仁义药剂，他实在无法吃下去，而且也缓不救急，你叫梁惠王怎么能听得进去，接受得下呢？

可是司马迁写到这里，谁是谁非，他却不下定论——实在也很难下定论。因为千古的是非，本来就不容易有真正的结论。所以他不写了，但是，他在《孟子列传》里，却写了一句"梁惠王不果所言，则见以为迂远而阔于事情"，就这样地轻轻带过去了。这是多么有趣、多么耐人寻味的手法！

孟夫子生当战国时期，而且也远游过各国，难道他真的是那么迂阔不懂现势吗？难道他对驺衍，甚至如当时风尚游说之士们纵横捭阖的作风，一点都不会吗？

我们的答案可以肯定地说：不是的。他对那些只图个人进身之阶的做法，和博取本身功名富贵的办法，完全懂得。他之所以不肯那样做，实在是"非不能也，是不为也"。而且可以加重语气地说：是不屑于那样做。为什么呢？因为他是抱着古圣先贤的淑世之道，尤其拳拳服膺孔子的仁道主义，完全从济世救人的宗旨出发。他希望在那个只讲霸术、争权夺利的时代中，找出一个真肯实行王道仁政，以济世为目的的领导人物，促使他齐家、治国而平天下。

所以他针对梁惠王的问题，当头一棒，便先提出政治哲学上义利之辨的中心思想。他也明知道梁惠王不一定能接受，但是他还是存着梁惠王也许能接受的希望。此所谓"明知其不可为而为之"，是乃圣人之用心也。再说，无论是谋国谋身，"仁义之道"的确是真正大利。只是人们都只贪图眼前的急功近利，而不顾及长远的巨利。所以都变成心知其为然，而行有所不能也，如此而已。

其次要研究的是，根据司马迁的《史记》等史料的记载，当时孟子是先到齐国而后才到魏（梁）国的。《孟子》这部书，不问它是孟子自己写的，还是他门下弟子们记录了他的话而编成的，为什么发生在后的事情，却编放在最前面呢？因为孟子的思想学说中，义利之辨是最重要的要点之一。

孟子与梁惠王各言其利，在梁惠王的一面来说，根据前面所说的魏国的历史背景，所处的地理形势，西有强秦，东有刚打败了他的齐国，南有强大的楚国，北接的韩、赵，虽然同是自晋分出，独立的同源邦国，但亦各有怀抱。在客观形势中，又恰逢弱肉强食的时代，他自然希望自己的邦国强大起来，甚至于最好成就霸业。假使你我是当时的梁惠王，大概也同样会有这种想法。所以他一见到孟子时，不谈仁义，开口就问："亦将有以利吾国乎？"这句话，又怎能指责他是错的？这实在是人情之常。

这也是我们读书要注意的地方。读任何书，先要绝对地客观，然后再设身处地地，作主观的研究分析。譬如对于梁惠王一见到孟子，就问孟子对于魏国有什么有利的贡献，经过前面一番较为客观的分析，就不会主观地认为他完全不对了。可惜以前大多数的读书人，多半不作这样绝对客观的分析，乃至于把自己一生都在误解仁义中埋没了。

孟子答复梁惠王说，你梁惠王何必谈利呢？你只要行仁义就好了。这是中国文化千古以来，尤其是儒家思想中，义利之辨的最大关键。而在后世的读书人，大多看到利字，就望望然联想到"对我生财"的钱财之利这一方面去了；站在国家的立场来说，也很可能误认为只是经济财政之利。至于义，则多半认为和现实相对的教条。因此便把仁义之"利"错解了，而且把仁义的道理，也变成狭义的仁义观念了。如此一来，立身处世之间，要如何去利就义，就实在很难办了。

举一个实例来说，我们假使在路上看到一些钱，这是利，我要不要把这些钱拾起来呢？这就发生了义利之辨的问题了。以我们传统文化来说，这些钱原非我之所有，如果拾起来据为己有，就是不义之财，是违背了义的道德，是不应该的。在利的一方面看，自己的私心里认为，路上的这些钱，乃是无主之财，我不拾起来，他人也会拾去，据为己有，也没有多大关系。但是到底该不该拾为己有？儒家对这种问题，在个人人格的养成上就非常重视了，由此便形成了中国特有的、非常严谨的个人的道德观念。

但是，由于这种义利之辨的观念根深蒂固，后世读《孟子》的人，大致统统用这个观念来读《孟子》，解释《孟子》，于是就发生了两种错误。第一是误解了梁惠王问话中的利，只是狭义的利益。第二是只从古代精简的文字上解释，而误解了孟子的答话，以为他只讲仁义而不讲利益，把"利"与"义"绝对地对立起来了。其实并不如此，依照原文用现代江浙一带的方言来读，就可从语气中了解到他的涵义，知道孟子并不是不讲利，而是告诉梁惠王，纵使富国强兵，还都是小利而已；如从仁义着手去做，才是根本上的大吉大利。

了解了孟子这句话的真正涵义所在，于是我们就可认识孟子，并不是那么迂腐的了。他并没有否定利的价值。他只是扩大了利的内涵，扩大了利的效用。如果孟子完全否定利的观念的存在，那么问题就非常严重了。

试看几千年来中国文化的整个体系，甚至古今中外的整个文化体系，没有不讲利的。人类文化思想包含了政治、经济、军事、教育，乃至于人生的艺术、生活……没有一样不求有利的。如不求有利，又何必去学？做学问也是为了求利，读书认字，不外是为了获得生活上的方便或是自求适意。即使出家学道，为了成仙成佛，也还是在求利。小孩学讲话，以方便表达自己的意见，当然也是一种求利。仁义也是利，道德也是利，这些是广义的、长远的利，是大利。不是狭义的金钱财富的利，也不只是权利的利。

再从我们中国文化中，大家公推为五经之首的《易经》中去看。《易经》八八六十四卦中的卦爻辞，以及上下系传等，谈"利"的地方有一百八十四处；而说"不利"的，则有二十八处。但不管利与不利，都不外以"利"为中心在讨论。《易经》思想最主要的中心作用，便是"利用安身"四个字。所以《易经》也是讲利，而且告诉我们趋吉避凶，也就是如何求得有利于我。所谓"积善之家，必有余庆；积不善之家，必有余殃"的道德因果律，也是告诉人们以积善的因，可以得到余庆的果。相反地，积不善因，便得余殃之果。所以，积善是"利用安身"

最有利的行为。

如果探讨孔孟思想的文化源头,绝对离不开《易经》。所以说假如孟子完全否定了"利"的价值,那么《易经》等等我国的所有传统文化,也被孟子否定了。但事实上并非如此。由此,我们研究孟子,首先就要对义利之辨的"利"字,具有正确的认识。

——《孟子旁通》(上·梁惠王篇)

《苏秦列传》：神仙更有神仙著，毕竟输赢下不完

千古人情的嘴脸

在中国的历史上，后世一般研究史学的儒生们，尽管不重视苏秦，看不起苏秦，但是，在中国两千多年的政治史上，这些大人先生们，暗地里都还是模拟苏秦的那一套。甚至还深深地重用他的名言。尤其是当时代在变乱之中，要想拨乱反正，苏秦的那一套，是不容忽视的，可并不简单。

时下有些国人，往往很幽默地把现在美国的基辛格，比作苏秦。讲实在的，基辛格还不够资格与

苏秦相提并论，比之苏秦那两个小兄弟苏代、苏厉，还差得多。

苏秦生在孟子同一时代的东周，是洛阳人。东周的洛阳，是当时中央周天子的另一首都所在地，尽管那个时代天下诸侯互争雄长，争取霸业，眼里已经没有中央的周室，所谓"天下已不宗周者久矣"。但是东西两周的首都所在，到底还是有它悠久的历史文化。苏秦便出生在那个古老文化所在地的名都。研究一个人的生平，这点也是很值得注意的。

他在少年的时候，和张仪、孙膑、庞涓几个人，都是从鬼谷子求学。鬼谷子的确是当时以及后世的一个神秘人物，也是属于道家之流的隐士，我们暂时不去讲他。苏秦离开了鬼谷子以后，便想有所作为。他研究一下当代的局势，只有秦国足以举足轻重，能够影响当时的整个天下。所以他的目标，就指向了高据西陲的秦国。那个时候的秦国，是秦惠王的时代，也正是由商鞅变法以后，讲究法治、讲究富国强兵的一个时期。而后，再经武王、昭王、孝文王、庄襄王的励精图治，才奠定了始皇一统天下的基业。

苏秦满怀希望到秦国去,大概先变卖产业,又借了些债,置办得很豪华,带了很讲究的行装到秦国。见到秦惠王,提出了他对天下事的整套构想和计划。

在当时的观念里,这种情形就叫作"游说"。那个时候还没有什么考试取士的用人办法,一般学者知识分子,都靠游说诸侯权贵而取得功名富贵和权力。即如孟子见梁惠王、齐宣王等提供王道德政的意见,在那个时代的风气,也都属于游说的做法。不过,后世有些人把游说这个观念,打入了纵横之学、策士之流的范围,很看不起,所以就特别把亚圣孟子的事迹,列于游说之外了。

我们如果仔细研究,好好读一下《战国策》和《史记》,其中有关苏秦当时游说的言论和思想,实在不能轻视,也不可忽视。他第一次见到秦惠王所提出的说辞,也是标榜王道的做法。不过,他是针对当时的现状,特别强调他自己的军国思想与战争理论。他说:

大王之国，西有巴蜀汉中之利，北有胡貉代马之用，南有巫山黔中之限，东有肴函之固。田肥美，民殷富，战车万乘，奋击百万，沃野千里，蓄积饶多，地势形便，此所谓天府，天下之雄国也。以大王之贤，士民之众，车骑之用，兵法之教，可以并诸侯，吞天下，称帝而治。愿大王少留意，臣请奏其效！

苏秦初见秦惠王所提出吞并诸侯，"称帝而治"的蓝图，也便是后世秦始皇所走的路线。结果，非常有趣，他的计划根本就被秦惠王所否决了。难道说，当时秦惠王的野心，还不及他的裔孙秦始皇吗？这也是我们现在研究孟子同样存在的问题。所以我们先来看看秦惠王当时对苏秦的否决辞是怎么说的。

秦惠王说："据我所知，一个羽毛还没有长丰满的鸟儿，是不可能高飞的。一个人文教化还没有培养成功的国家，是不可以随便征伐别人的。同样的道理，德政方面，还没有扎下深厚的根基，是不可以随便动员国民的。领导人的政治教化与感召力量，还不足以使全民由衷地顺服，是不可以再三加重责任，劳烦自己的高级干部去担负更艰巨的任务的。你苏先生今天很有心地不远千里而来到我的国家，肯这样当面教导我，非常感谢。不过，希望等到将来会有那么一天，再向你专诚请教。"完了，下一句，在前清来讲，就是端茶送客了。在现代，就是秦惠王举起手来看一下手表，再伸出右手来准备握手送客了。

这一段在古文怎么记载呢？文字写得美极了，可是现代人读起来，不大容易了解当时的现场实况。所以大家便马马虎虎地看过去，认为这些老古董没啥意思。《战国策》上的原文是这样写的：

> 秦王曰：寡人闻之，毛羽不丰满者，不可以高飞。文章不成者，不可以诛罚。道德不厚者，不可以使民。政教不顺者，不可以烦大臣。今先生俨然不远千里而庭教之，愿以异日。

可是在当时，年轻的苏秦还要装呆，不肯马上告退，仍然继续讲下去，想把他的学问知识连肚肠脑髓都翻出来似的。你看，这多么不懂事，不识时务！他在这个时候，把中国上古以来的历史哲学、战争论、战略思想，一股脑儿都搬出来支持他当时所构想的统一天下的计划蓝图。其中，他说道：

是故兵胜于外，义强于内，威立于上，民服于下。今欲并天下，凌万乘，诎敌国，制海内，子元元，臣诸侯，非兵不可。

他的意思是说，现在的世界，必须国富兵强，具有战略上的必胜能力，然后才有道义可讲。在国际外交上，你的兵力强盛，那么你内在的道义观点，才能发挥作用。他的这一段话，甚至于整篇的建议书，都是很有道理的。

我认为，凡是现代的国民，应该把《战国策》等书好好研究，拿它和孔孟之学互相研究。以孔孟之学的王道德政作为治事与立身、立国的中心，以《战国策》《孙子兵法》等为权变、应变、适变、拨乱反正的运用之学，实在很有必要。千万不要认为这些书是老古董，根本不去摸它。要知道，你根本还没有好好地深入去摸它，哪里知道这些古董之为古？它又是如何的古法呢？人云亦云，胡乱抛弃固有文化中这些宝藏，实在是很盲目，而且非常可惜。

关于《战国策》和《孙子兵法》的综合研究，我已经在"历史的经验"的讲课上，介绍过一部分，所以现在在这里只好从略，简单地提些要点而已。

苏秦说得哪怕再有理，无奈却不合时宜，所谓"话不投机半句多"，秦惠王当时面对这样一个外国来的年轻人，该有多讨厌！

这还没有完，这一回对秦惠王的当面游说不成功，他还住在秦国的旅馆里，一次又一次地写计划，写报告，送给秦惠王，希望他采纳。结果，上了十次的计划报告，秦惠王没有半点下文答复他。换句话说，秦惠王根本没有理他。不过，还算好，并没有认为他是国际政治上的疯子，没有把他驱逐出境。

可是，也没有给他一个小职务干干，或者送他一些走路钱。

这一下，苏秦真完了，"一分钱逼死英雄汉"，所谓"美人卖笑千金易，壮士穷途一饭难"。带出来的黄金快用完了，身上穿的那件充阔佬用的皮袍大衣也破了，大概多少还有一点点零钱，可是绝对没有交际费用，再也没有长期住下去的能力了，因此只好乖乖地收拾行李回家。

原文对苏秦回家的一段情景，虽然只用了简单扼要的三十六个字，却描写得活龙活现，痛苦不堪。我在这里特别提出这一段来讲，就是希望我们这一代青年，多注意一个人的奋斗成功与失败经验的教训。不灰心、不气馁、不怨天、不尤人，立志奋发图强，才是顶天立地的大丈夫。像苏秦当时那种遭遇，据我所知，我们在国外求学读书，或者从事其他方面的青年，有些也同样有这种痛苦的遭遇。结果，缺乏苏秦那样的勇气，被现实打击下去，大有可为的前途就白白牺牲了，真划不来。我们且看苏秦这一段历史经验故事：

赢縢履跻，负书担橐，形容枯槁，面目犁黑，状有愧色。归至家，妻不下纴，嫂不为炊，父母不与言。

　　我们读中国古文这三十六个字，当然先要认得字，知道了每个字的字义——说文、训诂，再来会意，便可知道作者当时描写得细致入微。看故事是有趣得很，但读了以后，也为苏秦的遭遇觉得很惋惜。

　　他在秦国没有办法了，只好打回家的主意，人既失意，钱又花光了，怎么办？他不负气自杀，只能忍辱，用千万个"忍"字，来坚强起自己。于是他只有"赢縢履跻"了。什么是"赢縢"呢？"赢縢"也就是"行縢"的意思。縢是那个时候准备走远路的裹脚，等于后世的绑腿；跻是草鞋。他开始收拾行李，准备打道回家，只好用裹腿布把自己两只小腿满满地裹起来，以免长途走路，小腿的血管充血而受伤；然后又说他的鞋子也破了，新的买不起，只好穿上一双草鞋。短短四个字，便轻轻易易地形容了他当时的倒霉落魄相。

没有钱了，没有办法像开始到秦国来时有黄金百斤，雇人搬行李，那种神气的样子了。只有随随便便把破衣服、破行李捆成一堆，随身携带着好走路。好了，他这样狼狈地收拾起行李。"负书担橐"，又把那些带去的书都背在背上，书当然丢不得的，那个时候买书不像现在这么方便，印刷术也还没有发明，书是用一片一片竹简刻上去的，那是知识分子的资本，所以绝不能丢，只好背在背上。我的天哪！你看那些破书，不知道有多重啊！背了书还没完，又要把收拾好的行李，归成一堆，做成担子来挑，就像从前种田的朋友挑大粪那样辛苦。他就这样一副寒酸相，从秦国首都——陕西的咸阳，回到他的故乡——河南的洛阳来了。

这一路回来，真够辛苦，你要知道，他当年还在青年阶段，因为失意、穷困，已经弄得没有一点英俊的样子了。"面目黧黑"，看起来又黑又瘦，干瘪的穷酸相。但是这还是他的外形。最难堪的，还是他当时内心的痛苦,那实在是无脸见江东父老。可是这个时候,天涯茫茫,又到哪里去呢?叶落归根,不管好不好,有个家,有个窝,总是好的。因此只好硬着头皮回家。当然,进了自己的家,一定很难过,惭愧得不得了。不要说是苏秦,大家把自己换作他的处境,就可想而知那种"状有愧色"四个字的千万痛苦了。

这样还不算什么,等他到了家以后,更难堪的是他太太正在织布,看到他回来的那副落魄相,当着家人的面,也没有勇气来迎接他,更谈不到慰问了,只是仍然不停地做她手里的工作,摆出一副冷漠的态度。他的嫂嫂们,当然不会问他吃过饭没有,根本是见如不见,相应不理的样子,哪里还肯为他到厨房去做饭呢?那个时候,是宗法社会的大家庭制,他的老婆要看嫂嫂们的风向,嫂嫂们又要看着一家之主的公公和婆婆怎么办。结果呢?他的父母看了他那副样子,一句话也不和他讲。你想,他在这种情形之下,这个面子怎么办呢?

苏秦到底是了不起的青年。年轻的同学们特别要注意，在原文上是怎样记载呢？他遭遇到这种情形，既不怨天，也不尤人，只是自己重重地叹一口气说："妻不以我为夫，嫂不以我为叔，父母不以我为子，是皆秦之罪也。"你看，这是一种什么胸襟！什么器度！他对于目前周围的情形，一点都不迁怒怨恨到别人身上去，只是深自反省自责，认为他的太太、嫂嫂、父母等人对待他这种情形，都是他自己的不是、无能，并没有埋怨他们的冷淡，更不会借酒浇愁，要打人、要揍人！

还有一点要注意，苏秦的老婆，尽管当时对他的态度上很冷淡，可是并没有像周代的姜太公、汉代的朱买臣两个人的太太那样，因为嫌他穷，嫌他没有出息，就要求离婚而去了。姜太公、朱买臣后来得志了，同样情形，他两个人的太太都要求回来，结果都遭拒绝了。所谓"覆水难收"，就是在朱买臣这节故事里引用的话。至于苏秦的太太，有没有在背地里鼓励他、帮助他，像历史上许多贤妻良母那样做法，因为无明文记载，就无法查证了。这是顺便对年轻女同学们提出注意的事，请勿见怪。

其实，苏秦的这种遭遇，并不特别，古今中外的人情，大体上都同一例。我所谓大体，当然不是说社会上所有的人、所有的家庭都是如此的。假如我们把历史上许多成功成名人物，在他艰难曲折的阶段，都搜罗来做一番研究，你便可以看出社会的人际状况，大概都是如此，反而觉得见怪不怪了。如果自己认识不够，非常介意这种反面的情况，便会产生愤世嫉俗等等变态心理。甚至无论你日后有成就没有成就，对人对社会，很可能形成一种仇恨的偏差心理。

我们随便提一点大家所熟知的历史经验，在所谓读书人的文化界中，让我们看看唐代元稹的三首悼亡诗，充分透露出少年落魄时代的痛苦。"诚知此恨人人有，贫贱夫妻百事哀"。就是元稹的名句，也是古今中外多少人共有的哀鸣。

此外，如韩信没有得志以前，不但要受市井无赖的胯下之辱，而且饥饿时，想吃一口饭都不容易，没有人理他，结果只有一个不知姓名的洗衣服老太太，可怜他的遭遇，把自己带出来的饭包施舍给他，让他吃了一餐饱饭。

后来，韩信功成名遂，当了三齐王回到故乡时，不但没有报复那个叫他爬在裤裆下的无赖少年，反而鼓励他、感谢他。同时，他又寻访那个施舍一个饭包的洗衣妇人，但始终没有找到。于是他只好把千两黄金，投在当年洗衣妇在那个河边洗衣服的河里去，表达他无限的谢意。这是历史上有名的韩信以千金投河，感谢漂母一饭之恩的故事。

因为韩信具有含垢忍辱、受恩必报、受辱不怨的这种气度，也就是他一生事业成功的主要条件。尽管后来他也被刘邦夫妇所谋杀了，但撇开权势功业不谈，如果专讲做人的气度，做人的味道，韩信比汉高祖刘邦可爱得多了。即使如项羽，在做人方面，有时候也比刘邦可爱。当然，这只是讲做人，不谈处事，要讲处事，那又须另当别论了。

讲到韩信的故事，相反地，正好拿汉高祖刘邦的遭遇作一对比。当刘邦在青年的时代，一天到晚到处游荡、闹事，不务正业，一事无成，他的父亲也实在看不下去了，有一次责备他几句，说他这样没有出息，实在比他二哥刘喜差多了。老二规规矩矩为家里添置了产业，所以家里人都很喜欢他二哥。至于他大哥，很早就死了。有一次，刘邦带了几个平日和他一起混混的朋友回家吃饭。他的大嫂骗他说没有饭菜了，朋友只好离去。刘邦自己到厨房一看，原来饭菜还有的是，于是怀恨在心。

后来他当了汉高皇帝，封他二哥为代王，封他弟弟为齐王，就一直没有封他大哥一家人任何职位。他父亲向他讲了，于是便封了一个"羹颉侯"给大哥的儿子，这是对他大嫂当年不请他朋友吃饭的回报。当未央宫落成时，他大宴诸侯群臣，席中向他父亲敬酒时说："始大人常以臣无赖，不能治产业，不如仲力。今某之业所就孰与仲多？"刘仲就是刘邦的哥哥。刘邦问父亲：你现在看我比起二哥来，哪个有出息？哪个弄的产业多呢？搞得他父亲啼笑皆非，无法答话。你看他多小气！哪里真够"豁达大度"四个字的分量呢？

不过，话说回来，刘邦比起历史上其他许多的帝王，他又的确好得多，有些地方还不太失"豁达大度"的作风，所以历史上对于汉高祖这四个字的评语，也可说是由于比较性格而来的评论而已。

我们讲苏秦失败的情形，又顺便扯出了这些故事，都是为了说明古今中外的人情常态。我们现在讨论孟子，顺便联想到孟子的母亲对于孟子教育上的伟大之处，孟子所以表现出和苏秦迥然不同的圣贤人格，和这位孟太夫人的教诲，有着密切的关系。

——《孟子旁通》（上·梁惠王篇）

苏秦成败得失的启示

好了，现在我们来看看苏秦当时发愤图强的另一页。他回到家里以后，在那种重重打击的情形之下，不怨天，不尤人，已经太难得了。同时他又踏实地作一番自我检讨，因此，他在含垢忍辱之下，连夜检阅自己的藏书，在几十种古书里，他特别找出了姜太公所著、与《阴符经》有关的谋略之学。他重新开始研究阴符谋略，仔细去抉择它的精要。读到夜里想睡觉时，他便拿起锥子来刺自己的大腿，以警觉自己。因此我们古人有勉励青年人求学的名言，所谓"头悬梁，锥刺股"。其中锥刺股的典故，便出自苏秦这件事的。好在他有强健的身体，能够熬得过这种自虐式的刻苦奋斗，所以大腿常常被刺得血流到脚上，他都能忍受得了，如果没有充沛健康的体能，那就早已完了。他这样地用功，经过了一年，便很自信地能说动当时各国的政治领袖，所谓"当世之君"的人主们了。他的原文是从前面提过的"皆秦之罪也"之后，接着还有这样的记载：

> 乃夜发书，陈箧数十，得太公《阴符》之谋，伏而诵之，简练以为揣摩。读书欲睡，引锥自刺其股，血流至足。曰："安有说人主，不能出其金玉锦绣，取卿相之尊者乎？"朞年揣摩成，曰："此真可以说当世之君矣！"

我们讲到这里，暂且告一段落，先回转来看有关苏秦成功与失败的几个重要问题：

第一，关于苏秦的学术思想问题。

大家都知道，他在少年时代，和张仪、庞涓、孙膑他们，都是鬼谷子的学生。孙膑和庞涓出山以后，正值当时国际间的风云排荡之秋，在军事的战争上都有所成名，这不在本题范围，不去讲它。苏秦与张仪和他们不同，走的是政治路线。

搞政治，当然要牵扯到学说思想问题。我们看过苏秦初见秦惠王的游说资料，很明显地看得出来，他在出道之初，讲的也同当时一般学者一样，大体都是从传统文化的王霸之道的学说思想范围，来分析当时的现势，贡献自己的主张和计划。并没有什么特别之处，更没有如后世小说家所想象的，鬼谷子传了他一套"呼风唤雨，撒豆成兵"的特别本事。

为什么苏秦当时所讲比较正规的学术思想，却不能被当时的老板们——所谓"人君"的人主们所接受呢？这是为了什么？如果只拿文化衰落、政治道德败坏等老套观念来看，当然也是理由，实际并不透彻。究竟是什么原因？大家不妨多去读读书，多思考去研究研究看。不过，由此显而易见的是苏秦那种初期正反互相参合的学说，已经无法扣动当时的人主们之心弦，何况我们的孟夫子，动辄就搬出王道的大道理呢！那当然是牛头不对马嘴，到处吃不开了。

很可惜的是，苏秦后来还有十次对秦惠王的建议论文，都没有留下完整的资料。否则，在战国时代诸子百家的文化遗产中，也必可以成为一家之言，一定也占有相当的价值。不过，话说回来，苏秦本人的思想，只讲现实，并不注意学说思想的真正精神。也许，他认为那些建议意见，是失败的，所以便没有让它流传了。

第二，《阴符经》与苏秦后来成功的问题。

我们看了以上的资料，都知道苏秦从秦国失败回家以后，关起门来，苦苦地再来用功读书。据说，读的是周朝初期极富传奇性的人物——姜太公（吕尚）所传的那本《阴符经》。因此，自秦汉以后，很多人都在找这本出过历史性的大风头、有旋乾转坤之能的神秘奇书。学政治的，学军事的，甚至学神仙道术的，统统都在找它。另外有个类似的传说，圯上老人——黄石公，给了张良一本书，张良读了以后才能再度出山，成为帝王师的风云人物。有人说，圯上老人给张良的，便是《素书》，因此许多人也拼命去读《素书》，想在其中找出求得功名富贵的捷径。

事实上，我们都知道，从古代流传下来的《阴符经》和《素书》，据学者们的考证，都是伪书，是后人所假造的。那两本真书，早已收归天上，不落人间了。而且我们现有的《阴符经》有两种：一种是所谓黄帝时代所著的《阴符经》，是道书，当然也可以在其中牵强附会，套上政治学、军事学、谋略学等许多大原理原则。还有另一种《阴符经》便是所谓《太公兵法》，实际上都是伪书。书本虽然出于后世才人们的伪造，但它的内容、价值，却不可以因为是伪书便一笔抹煞。这等于国际市场上某些精良的赝品，不但可以乱真，甚而有时简直可以同真了。

现在我们再来讲苏秦。他在家里，又下了一年昼夜关门苦读的功夫，便很自信能说动当时的人君们。难道说《阴符经》真有这样神妙吗？你若把流传下来固有的《阴符经》，或《太公兵法》，或者《鬼谷子》那些书都拿来研究一下，如果自己没有高度的智慧，足资自我启发的话，那你很可能要被那些书本所困扰，变成一个食古不化，迂腐而迷好神奇，愈来愈不切实际的"老冬烘"了。

但是，根据史料的记载，苏秦再度出来的成功，的确是由研读《阴符经》所致。这又是什么原因呢？因为在我们的古书里，所谓《阴符》也好，《六韬》《三略》也好，这些书本统统属于谋略学的范围。大体上，所有论说的内容，都是用古代简练的文字，根据天道、物理等奇正反复、阴阳互变、动静互用的原则，来说明应用在人事上的原理。这所谓人事，包括了政治、军事、经济、外交、社会等等人际关系的事务。苏秦再读《阴符经》以后，启发了他的思想，重新仔细研究当时的天下大势，使他有了新的启示，形成一套适合于当时国际形势的新的谋略构想，因此便建立信心，自认为再度出山，必然可以切合当时人主们现实的需要，必定会采纳他的意见而使自己达成愿望。

由这里，我们可以了解，世界上不管哪一门学问，必须要从读书求知识，受教育而建立基础。但是书本上的知识，都是由于前人的经验累积所集成的产品。当你吸收了这些知识经验以后，必须还要自己能够消化，能够加以发挥，产生出你自己新的见解，才是构成学问的最主要因素。如果呆呆板板地被它所范围，那就变成了所谓的"书呆子"了。其实，书呆子的确也是人类文化的艺术产品，有他非常可爱的一面。但是，往往运用到现实的事务上，便又很可能流露出非常可厌的一面，成为"百无一用是书生"古人名言的反映了。苏秦他再度地出山，便是由书呆子的蜕化而成功的。

第三，我们要注意苏秦在历史文化上的价值问题。

我们历史文化的根本基础上，几千年来一仍不变的重心所在，就是传统文化中王道的精神，也便是孔孟一系儒家学术思想的道统。严格说来，这种文化维系续绝的道统所在，倒并非因为汉武帝"罢黜百家，独尊儒术"的缘故。实际上，是因为我们这个民族先天性地爱好人道和平，重视接近天则的王道教化，而薄视巧取豪夺的权谋所致。

因此，在我们的文化史上，尽管有非常可爱、非常重要的诸子学说思想，但也只能把它用来作为文化学术的旁通陪衬，而不能认为是正规的文化中心思想。更何况如苏秦、张仪之流的纵横谋略之学，只是从个人的权利思想出发，图得个人平生的快意，他的用心动机，并没有为国家天下长治久安作打算。因此，虽然在当时的现实政治上煊赫一时，风云了二三十年，但毕竟要被历史的天秤称量下去，并不予以重视。

再说，我们虽然只是简略地读了前面引述苏秦出处的那些资料，但在大体上，已可了解他是深受当时的时代环境、社会风气和家庭背景所影响。他并不能像孔子、孟子那样具有"确然而不可拔"的特立独行的精神修养。所以他始终只能成为一个大谋略家，一个聪慧的凡夫，绝对无法成为一个超凡的圣人。那么，在这里我们对于凡夫与圣人的分野，又如何来下一个定义呢？很简单：

在现实的人生中，只为自己一身的动机而图取功名富贵的谋身者,便是凡夫。

在现实的人生中,如不为自己一身而谋,舍生取义,只为忧世忧人而谋国、谋天下者,便是圣人。

所以我们只要看苏秦的传记上,当他学成再要出门时的豪语——"安有说人主,不能出其金玉锦绣,取卿相之尊者乎"的几句话,就可以看出他的器识志量只在财势而已。

在这里,使我想起当年在四川时,听一位西蜀的前辈朋友,告诉我们戏中几句幽默的戏文。其实,我觉得不单是平常的幽默,简直是对英雄主义的讽刺,也是人生哲学的透视。现在可以用来对苏秦的这个历史故事作类比。

川戏、汉戏,差不多都是同一系统的地方性艺术。也和京戏一样,在作戏的时候,要配上那些吵死人的大锣大鼓。当然,京戏原来就由安徽湖北戏变来的,大锣大鼓也有极大的学问,年轻同学们对这一部分国粹不可以太轻视。

现在我要讲的,当川戏中唱某一出大戏时,先在震天响的大锣大鼓开场下,出来了两位披大氅、武生打扮的绿林英豪。他们用大氅遮住面目,在戏台上先用英雄式的快步转上一圈,然后在戏台的中央当众一站,虎虎有生气地撩下了遮面的半边大氅,就开始唱起他们自报名来的道白了。一个英雄唱的是:

> 独坐深山闷幽幽,两眼瞪着猫儿头(当年四川路摊上卖给劳力人们吃的白饭,添在碗中高高超出鼻尖的那种便饭,就叫作猫儿头)。如要孤家愁眉展,除非豆花(儿)拌酱油。

你看,所谓占山立寨的英雄豪杰们,他最基本的要求和最终的目的,还不都是为了吃饭吗?只是被他这种装扮,配上幽默的对白和做作,一说穿,人生本来如此,于是就逗得人哈哈大笑了!

另一个跟着唱白的是:

> 小子力量大如天,纸糊(的)灯笼打得穿。
> 开箱豆腐打得烂,打不烂除非(是)豆腐干。

这可真够幽默了，这四句话说穿了人毕竟都是人，就是这样的平凡，拆卸了英雄心理上的伪装，谁人又有多大的了不起呢？

好了，笑话也说过了，由这个笑话的题材，我们再回转来看苏秦的动机，所谓"出其金玉锦绣，取卿相之尊"的语句文辞，和所引用川戏中的两首白话诗来对看，就不用我再来下结论了。

——《孟子旁通》（上·梁惠王篇）

苏秦不容忽视的时代贡献

在战国的后期，国际上所有盛极而衰的强国，尽是一片纷纷扰扰的局面，都畏惧崛起西边的强秦，没有哪一国真敢和秦国抗手争衡的。即如孟子所见最大的、最古老的齐国之君齐宣王，也不例外。那么，苏秦这次的再次出门游说，要想实施他合纵抗秦的联合国计划，实在也真不容易。不要说在当时的时代背景有如此之难，即如后世的历史上，以一介平民的书生，毫无背景，毫无凭借，要想掌握整个天下于股掌之间，成立一个空头联合战线的王国，除了苏秦以外，实在再也找不出第二个了。

我们读历史，不管从哪种角度来衡量，随便怎么看不起苏秦的作为，但他毕竟还是有他对当时时代贡献的功绩存在。他后来能够南北奔走，把国际间联合战线组织成功，身佩六国相印。在私的方面，果然耀武扬威地让他家人和嫂子们羡慕不已。在公的方面，他也着实做到了吓阻强秦而不敢轻易发动侵略的战争。因此而使当时战事连绵的天下时局，能够由他手里一直安定和平地过了二十多年。不但当时的六国诸侯深受其利，间接地使当时天下各国的人民，能够喘息安居，半生免于战争戎马的祸患，实在也是很大的功德。虽然他只为现实利益，以个人主义为出发点，但是他所造成事功的伟业，岂可轻易地抹煞。事实上，孟子在当时，也有所未能。

如照孔子评论管仲等人物的语调，假如孔子迟生在苏秦之后，也许会给他一句"可谓能矣"的评语呢！

历史的是非，到底也有公论，我们只要看一看刘向著《战国策》的序言，便可知苏秦的确也有可贵可爱的一面。如刘向所说：

> 夫篡盗之人，列为侯王，诈谲之国，兴立为强，是以转相放（仿）效。后生师之，遂相吞灭，并大兼小。暴师经岁，流血满野，父子不相亲，兄弟不相安，夫妇离散，莫保其命，湣然道德绝矣。……
>
> 故孟子、孙卿（荀卿）儒术之士，弃捐于世。而游说权谋之徒，见贵于俗。是以苏秦、张仪、公孙衍、陈轸、代、厉（苏秦的小弟）之属，生从横短长之说，左右倾侧。……
>
> 然当此之时，秦国最雄，诸侯方弱。苏秦结之，时六国为一，以傧背秦。秦人恐惧，不敢窥兵于关中，天下不交兵者二十有九年。……
>
> 战国之时，君德浅薄，为之谋策者，不得不因势而为资，据时而为画。故其谋扶急持倾，为一切之权，虽不可以临国教化，兵革救急之

势也。皆高才秀士，度时君之所能行，出奇策异智，转危为安，运亡为存。亦可喜，皆可观。

我们要注意，苏秦第一次游说的失败，是先走强国的路线。这一次他再度出门游说，经由赵国，先到北方的燕国，打动了燕文侯的心，最后对苏秦说，愿意把全国的力量付托他，以便从事南北联合阵线的合纵工作；并且给他足够的活动资金，又为他装备豪华的外交马车。如《战国策》所记：

燕王曰："寡人国小，西迫强秦，南近齐赵。齐赵强国也。今主君幸教，诏之合从以安燕，敬以国从。"于是赉苏秦车马金帛以至赵。

从此苏秦便一路顺利地到了赵国来游说赵肃侯。结果赵王也和燕文侯一样，愿意把国事全部付托给他，而且比燕王更加倍地供给苏秦活动资金和外交排场。

如所记：

赵王曰："寡人年少，莅国之日浅，未尝得闻社稷之长计。今上客有意存天下，安诸侯，寡人敬以国从。"乃封苏秦为武安君，饰车百乘，黄金千镒，白璧百双，锦绣千纯，以约诸侯。

你看！这一下苏秦的神气更大了。他到了韩国，结果韩宣王又是说："敬奉社稷以从。"

接着，他到魏国来说动了魏襄王，也就是孟子批评他"望之不似人君"，看不起他，施施然而去之的魏襄王。结果他也同燕赵韩一样，完全听命于苏秦。

等到苏秦再到齐国来见那一位向孟子请教过，结果是话不投机的齐宣王，也是"敬奉社稷以从"，向他拱手拜托了。

最后，他到南方说动了楚国的威王，楚王当然也是以"谨奉社稷以从"作结论。到此，司马迁写《苏秦列传》便说："于是六国从（纵）合而并力焉，苏秦为从（纵）约长。""从约长"，相当于现在所谓联合国的秘书长。"并相六国",同时兼任当时国际上六个国家——燕、韩、赵、魏、齐、楚的辅相职务。

这个时候的苏秦,神气可大了。现在美国出了一个小小的基辛格,哪里能够与苏秦相提并论。

不过,最有趣的,是《战国策》中,首先在《秦策》里所记述苏秦那篇的结尾一段,他写实的描写,也和司马迁在《史记》里所写的一样有趣。虽然我认为《战国策》里对苏秦的一段结语,正好为他作盖棺论定的画龙点睛。不过,为了文章安排的次序顺畅,我们还是采用了《史记》的一段,更为条贯。

苏秦组织联合战线的合纵计划,由北到南;一路外交活动的成功之后,他必须回转北方,向开始发起的燕赵报告。在北上的途中,必须经过他的故乡洛阳。这一路行来,后面侍从的车驾阵势,非常浩大。随行的行李和卫队,当然也可想而知,真是威风十足。更何况各国的诸侯都派遣了特别使节来欢送他。那种神气,简直就相当于当时执掌政权的诸侯王者一样。

因此，搞得当时在洛阳的中央天子周显王，听了这种情况，心中也有点惴惴不安了。因为苏秦本来是他中央直辖治下的平民，并且在他第一次出来游说时，也曾先向东周提出过意见，结果被打了回票。所以这次周显王更显得有些难堪了。因此，只好派了专人为他清理还乡的道路，又加派了一位代表远到郊外去欢迎他。如说：

> 北报赵王，乃行过洛阳。车骑辎重，诸侯各发使送之甚众，疑于王者。周显王闻之恐惧，除道，使人郊劳。
>
> ——《孟子旁通》（上·梁惠王篇）

书生本色

现在我们继续看苏秦回到故乡后的记述，不但是很有趣味的历史故事，同时也可以启发我们对人生观的哲学思想，以及做人处世，在义、利之间的取舍，非常值得注意。先看这一段绝妙的《史记》原文：

> 苏秦之昆弟妻嫂侧目不敢仰视，俯伏侍取食。苏秦笑谓其嫂曰："何前倨而后恭也？"嫂委蛇蒲服，以面掩地而谢曰："见季子位高金多也。"苏秦喟然叹曰："此一人之身，富贵则亲戚畏惧之，贫贱则轻易之，况众人乎！且使我有洛阳负郭田二顷，吾岂能佩六国相印乎！"于是散千金以赐宗族朋友。初，苏秦之燕，贷人百钱为资，及得富贵，以百金偿之。遍报诸所尝见德者。其从者有一人独未得报，乃前自言。苏秦曰："我非忘子，子之与我至燕，再三欲去我易水之上，方是时，我困，故望子深。是以后子。子今亦得矣。"

这段原文接在当时中央政府的天子周显王也派特使出来欢迎之后。

苏秦当时那种威风荣耀，比起唐朝的士子们考取了进士便自比作登仙而升天的情景，远有过之而无不及。这个时候，他的父母兄弟妻嫂，全家人都出动到郊外去欢迎他。等到苏秦的全副仪仗到家以后，他的兄弟、太太、嫂子们，都不敢拿正眼来面对着他，只敢低着头，偷偷地拿眼角瞄视他，而且都弯着身子，用半跪式的姿态侍候他，等着他来吃饭。

苏秦看了这种情景，就笑着对他的大嫂说，你在我当年失意回家时，不肯为我做饭，现在为什么又这样地多礼呢？我们读了苏秦这句"何前倨而后恭也"的问话，果然觉得他也未免有点小气。但要知道，这是人之常情，除非真正的圣哲，可以淡忘过去的嫌隙。不然，任何一个平常人，都会有这种介意的心理存在。只是耿耿在心的介意，没有采取难堪的报复做法，已经算是第一流的豪杰之士，何况苏秦还坦坦白白地用笑脸说出他的幽默话呢！好了，理论少讲，我们快看这一幕家庭闹剧是怎样地演出。

他的嫂子听了苏秦类似讥讽的幽默以后，挂不住了，生怕苏秦会拿权势来报复她，干脆便一跪到地，扑下了身子，正如后世所谓的"五体投地"地拜倒在地，一面向他道歉，一面说了一句非常坦白的良心话：因为我现在看到你官位又高，钱又多，所以我要对你好好地巴结了！这句"见季子位高金多也"真让人拍案叫绝，如果也用金圣叹批小说的手法来讲，可批："好个苏大嫂！可以浮一大白。"

苏秦问得讥讽、幽默。苏大嫂答得也真够坦率，真够心直口快，说出了千古人情的真话。

人与人之间的真诚礼敬，是要极高度的学问修养才能做到。否则，绝对纯朴，没有学识的人也能做到。除此之外，人与人相处的礼敬态色，不是为了权势的高位，就是为了你有多金值得重视。如果既有高位，又有多金如苏家的老三，当然会有人向他拍马屁了。

季子，是苏大嫂在家里叫苏秦老三或三叔的口头语，并不一定是苏秦的名字。不过，古人的口语，记之于文字，后来往往便把它当作了文词。

我想这种人生滋味的经验，在每个人的心史上，或多或少都有过记录的。只是在苏秦这里，叔嫂两人的对话中，坦白地说出了人情世态的真相，便觉得够刺激！够痛快！

也由于苏大嫂的坦率，便接着引出苏秦对人生观的哲学言论。当然，那个时候还没有新闻记者来访问他，所以不是要记者发表的私人意见，更不是他代表合纵政策的联合公告（一笑）。当他听了他大嫂的话，便很感慨地说：唉！当年落魄回家的苏秦，也就是现在的我，同样的一个人，当你富贵的时候，亲戚朋友都畏惧你，敬重你。当你贫贱的时候，人们就轻视你，把你看成不值一顾的人。像我苏秦这样的人，对于人生的遭遇，也深刻地体验到"人情冷暖，世态炎凉"的味道，何况平常的一般人呢？注意！我们要特别注意原文中"况众人乎"这句话的语意。为什么呢？苏秦的语意是很坦白地说，像我苏秦这样有出息的人，虽然有一半是运气，但是也算难得了。至于一般平常的普通人，根本就不可能有这种努力的成果，有这种好运的机会。因此，世界上那些注定要受委屈的人们，还不知有多少哩！这便是苏秦的哲学观点，苏秦的书生本色，的确明通世故，透达人情到了极点，所以他的成就，也并非偶然侥幸得来的。

但是，这一段文章里的"况众人乎"也可以照一般的解释，是说像我的家人亲属们，在我失意的时候，也是那样地鄙视我。现在在我得意的时候，又这样地巴结我。至亲骨肉尚且如此，何况一般毫无关系的外人呢！

这还不算，最可爱的是苏秦接着说出他的坦率话。他说：假如我当年自己手里有靠洛阳城郊的好水田二百亩，那我宁可在家里享受田园之乐，在农村社会做一个小小的富家翁，享享福，谁又愿意出去奔走四方呢！不过，我苏秦真要有那种好的家庭环境，那么，我今天哪里可能一身掌有六个国家的辅相大印？

所以人生的福祸都很难说，我们如果从道德果报的观点来看，便有后世宗教家们所说的："祸福无门，唯人自召。"如果只从哲学的观点来看，便符合"塞翁失马，焉知非福；塞翁得马，焉知非祸"的至理名言。

讲到苏秦所说人生哲学的道理，使我联想起现代史上一位名公巨卿的故事。当他少年时，开始出来学军事，当小排长的时候，他的同袍看到他日记里写着，如果他有五百块大洋，可以回家买几亩地来种田的话，实在不想这样辛苦。他哪里想到后来居然成为国家重臣，在历史上留名呢？同样情形，在唐末的乱世中，吴越王钱镠，原先也只想在贩盐的行业里，多纠集些人手来保护自己，他哪里又预料到后来能屏障东南，做到了"满堂花醉三千客，一剑光寒十四州"的封王局面呢？再说，朱元璋要不是因为当小和尚碰到荒年，出去化缘也难得温饱的话，他也不会去投军。当时他更是做梦也想不到自己后来竟然当上皇帝。当汉光武帝刘秀还没落在民间的时候，他的最大希望，只想做到帝都卫戍司令的职位，然后讨到阴丽华来做老婆，"仕宦当作执金吾，娶妻当得阴丽华"就志得意满。哪里又想到竟然做了汉代中兴的令主呢？诸如此类历史人物的类同故事很多，不再多讲了。

不过我们要知道，像苏秦那样的人物，在踌躇满志的时候，仍然能不失书生本色。憣然憬悟到人生哲学的道理，总算不太容易。但是，苏秦是属于豪杰之士的人物，豪杰也是凡人，不能以他的一个人生，来遍盖一切的人生观念。另外如孔孟一系的儒家圣哲们，他们的人生哲学，一开始发心立志，便要"为天地立心，为生民立命，为往圣继绝学，为万世开太平"。就如各个大宗教教主们的救世淑世主义者，当然又比苏秦的人生境界，超越了许多。其他如道家的隐士们，那种遗世独立的情操，又是另一种人生类型的风格。

因此，我们在现实的人生社会里，必须有独立不倚的澡雪精神，才能挺拔在"位高金多"的俗世之中。例如宋人陈仲微有一段对人生观的名言，实在可作为热衷于富贵中的清凉剂。他说："禄饵可以钓天下之中才，而不可啖尝天下之豪杰；名航可以载天下之猥士，而不可以陆沉天下之英雄。"

在艰苦中成长成功之人，往往由于心理的阴影，会导致变态的偏差，这种偏差，便是对社会、对人们始终有一种仇视的敌意，不相信任何一个人，更不同情任何一个人。爱钱如命的悭吝，还是心理变态上的次要现象。相反地，有器度、有见识的人，他虽然从艰苦困难中成长，反而更具有同情心和慷慨好义的胸襟怀抱。因为他懂得人生，知道世情的甘苦。

苏秦是豪杰之士，所以他在憬悟到人生的正面和反面、人性的美好和众生相的丑陋以后，便慨然拿出千金，普遍散赐给宗族和朋友们。同时还报过去穷困时对他有恩惠的人。当他第二次出门到北方去的时候，有一位乡邻，借给他一百钱做路费，他便加十倍地回报，还了他百两黄金。这种举动，看起来、说起来很容易，事实上，到了自己头上，要痛痛快快、慷慷慨慨地做起来，就真不容易。还有太多的事例，在此不多作讨论。

原文中接下去，另一小节的记载，很好笑。当苏秦在家乡正做这样豪举的时候，有一个乡亲是当年跟他到北方燕国去的，可是苏秦这次却对他没有什么表示。这个人干干脆脆，自己直接向苏秦说，我跟你没有功劳，也总有些苦劳，为什么你不给我一点好处呢？苏秦说，对不起，其实我没有忘了你，只是你太过分了，当我在艰苦的时候，很需要你跟着我，帮忙我到燕国去，可是你看我当时在赵国没有什么成就，所以在我渡过易水要到燕国去的最困难关键上，你再三想离开我，不肯再帮我了。你要知道，在那个时候，正是我困难得要命的时候，多么希望得到你的帮助和鼓励。可是你却很势利，真让我痛心极了。所以现在我故意把要给你的一份摆在最后，也是给你一点教训的意思。好了，你现在又当面来要求，当然有，这一份便是我为你准备的，现在你拿去吧！

在《史记》里，司马迁写《苏秦列传》，把这样一件小事也记载上去，这正如现代的我们写白话传记一样，在一件小事上，一个小动作上，特别加以叙述，此中往往衬托出很重要的观念，要读者好好去思辨，好好去体会。

最后，司马迁写着："苏秦既约六国从亲，归赵，赵肃侯封为武安君，乃投从约书于秦，秦兵不敢窥函谷关十五年。"

但后来刘向在《战国策》的序言上，却说："秦人恐惧，不敢窥兵于关中，天下不交兵者二十有九年。"

这里与《史记·苏秦列传》所载相差十四年的问题在哪里呢？司马迁说的十五年，是苏秦手里的事。刘向说的二十九年，包括了苏秦、张仪、苏代等当政的年限。张仪是他同学苏秦一手计划培养的，故意造成反对派势力，帮助秦国破坏了苏秦合纵以后的计划，另创一个连横的联合战线，与苏秦的原计划相抗衡。其实，都是他们两个同学的袖里乾坤，故意一正一反来玩弄诸侯，摆布天下。同时因苏秦的影响和培养，跟着又有他的弟弟苏代、苏厉等，也是走他的老路，纵横捭阖于当时的国际局势之间。

反正总结起来，都由于苏秦一手的创作，而减弱了当时国际间的连绵战争，维持了二三十年大体上还算和平安定的局面，虽然最后苏秦还是在齐国被人行刺而死，但是这个历史上的功绩，却不能不归之于苏秦的谋略。

可是，最近我听人说，又有新的出土资料，足以证明苏秦当时在齐国并没有被刺死，可能只是受伤或是伪装受伤,他是道道地地地功成身退,归隐去了。后来还活到相当长的岁数。

我是没有亲眼看到这些资料,到现在还只是道听途说而已,假如是真有其事,那么我们对于苏秦的评价,还要高得多了。这样一来,范蠡的逃名归隐,虽然独步于先,后来的这个苏秦也很高明,他使写历史的人,更弄不清他的下落,岂不是比范蠡逃名得更有趣,真不愧是鬼谷子的弟子了。后世道家的神话传说,当苏秦功成名遂之后,便回去找他的老师鬼谷子,学道修仙去了。

不管如何,苏秦一生的作为,在历史文化上,很明显地可以看到,他是位非常高明的豪杰之士,他既不想做英雄,当然也谈不到圣贤的作为。但也不能像过去学者们的成见一样,只把他打入谋略家,好像他只懂得纵横捭阖的阴谋策略,完全忽略了他对当时历史时代上,的确已经做到了挽救战乱危机而措置于和平达二十多年的贡献。有多少人的生命财产,都在他的一念卵翼之下而安享了天年。只要我们仔细研究一下战国末期的战史,包括国际性、地方性的大小战争来看，便可知道过于轻视苏秦的功劳，那也是很不公平的。

那么，为什么又说他不想做英雄呢？这很简单，在他后来左右逢源、摆布整个国际天下在他指顾之间的时代，他没有一点野心，想走那三家分晋，或者田氏篡齐的作为。就如他在燕国，以及他在赵国，受封为武安君那段时期，也没有过分地干扰弱国之燕、赵的实际内政。再拿他得志回家，分财施人的作风，来对比研究，便可想见苏秦书生本色的个性，的确有过人之处。

如果新近的传说属实，真有新出土的资料，证明苏秦后来是逃名隐遁了，又安享余年，还活得不算太短的寿命。那么，就要对他高明的人生哲学观点另加评价了。或者，在他的经历上，对于人世间的历史哲学观点，确如范蠡他们一样，另有独到之处。在这里，使我想起了明代苍雪大师一首题画诗的哲学意境："松下无人一局残，深山松子落棋盘。神仙更有神仙著，毕竟输赢下不完。"倘作如是观，那他岂不是更神奇了吗？

再说，司马迁特别为苏秦写了一长篇的列传，不厌其详地为他记述合纵的情形，也实在有他的深意存在。关于苏秦死后的传说，究竟如何？他也有点怀疑，只是资料不足，不敢写得太过分。但是他对后世一般人对苏秦的看法，也不太同意。不过，不能说得太明显，恐怕后来的人，不讲道义，只想学谋略，画虎不成反类犬，那就不好。我们只要读一下他在《苏秦列传》最后的评语，便可知道了：

太史公曰：苏秦兄弟三人，皆游说诸侯以显名，其术长于权变。而苏秦被反间以死，天下共笑之，讳学其术。然世言苏秦多异，异时事有类之者皆附之苏秦。夫苏秦起闾阎，连六国从亲，此其智有过人者。吾故列其行事，次其时序，毋令独蒙恶声焉。

——《孟子旁通》（上·梁惠王篇）

《游侠列传》：中华民族的游侠精神

司马迁为什么推崇游侠？

司马迁赞成游侠，认为游侠是很需要的。但是有人认为不需要，如法家的韩非子说："儒以文乱法，而侠以武犯禁。"认为当时读书的知识分子，对于法制的实行是有妨碍的，于是法家的思想，影响了后世，秦始皇时代的政策都与它有关。韩非子的理由是儒者知识多，嘴会说，手会写，有许多意见提出来，思想不同，使法令不能推行，难于执法。而侠义道中人，是慷慨好义的，好用武力，又容易形成恶势力，也是使法令不能推行的障碍。所以韩非子反对这两种人。

司马迁写《游侠列传》，一开始也提到韩非子这两句话，不过他又认为世界上有许多事，用道德、政治、法律都解决不了，只有老子拳头大的办法，一下就解决了，所以他认为游侠有游侠的好处。而且他认为古代的游侠，一诺千金，对朋友讲义气，帮助贫弱的人，这些都是最了不起的。

——《论语别裁》

如果有贡高我慢的人，菩萨要教化他，就现金刚大士之身，威摄憍慢的人，使他回心无上道，这是逆化而不是顺化的手段。这就想到中国历史中有许多侠义之人，孔子没有说他们，但司马迁写《史记》，特别为他们列传，非常之推崇。侠客不是太保、流氓，用刀子捅人，这不是侠客行为。因为天下有许多事情，道德解决不了，法律解决不了，阿弥陀佛没得办法，观世音菩萨来也只好掉眼泪。只有侠客来了，格老子，我拳头大，你这种做法我就拿下你的脑袋。好了，问题解决了。

——《维摩诘的花雨满天》

不过要注意，游侠和刺客不可以混为一谈。司马迁也写了《刺客列传》。游侠是云游四海，好侠仗义型的人物，有他的精神；刺客是专事行刺的人物，刺客有他的动机。若干武侠小说，将游侠与刺客混为一谈，这是错误的。游侠精神，是中华民族特有的，并不坏，而是"路见不平，拔刀相助，见义勇为"的。这种精神，在中华民族社会，是被大家喜爱、崇拜、尊敬的。但是，只喜欢别人有这种精神，而自己则躲避，不去做这种事情。这是人性的一个弱点，值得研究。

——《孟子旁通》（中·尽心篇）

任侠精神与墨家思想

司马迁写《游侠列传》，综合游侠的个性，下了一个"任侠尚气"的定义。换言之，任侠的人大都是使气的。"侠"的古写"俠",右半边是"夾",强调一个人的肩膀。所以,"侠"就是为朋友做事一定竭尽心力。"气",就是意气,越是困难的事,你认为做不到,我就做给你看。后世学武功的人,学了几套拳脚,根本没有把别人的事当做自己的事那么全力以赴,只妄想以武侠自居,早就忘了"任侠尚气"的可贵精神。面对"武道"的衰落,不免令人又有很多感慨。

我们要知道,中华民族之所以可贵的另一面,就在于这种"任侠尚气"的精神,这种精神体现在墨家的思想。墨家思想在中国文化中占有很重要的分量,早在春秋战国时期,中国文化已包含了儒、墨、道三家的成分。几千年来的中国文化,一直流传着墨家的精神,这是一个很重要但却被人忽视了的问题。我们现在都以为中国文化以儒、释、道三家为主流,其实这是唐、宋以后文化的新结构。虽然如此,墨家的侠义精神却始终流传在中国人的心中，融合在中国的文化里。

——《孟子旁通》（中·公孙丑篇）

中国武侠，正式见于传记的，是从司马迁所著的《史记·游侠列传》开始。但是司马迁在《游侠列传》中，首先引用韩非子的话："儒以文乱法，侠以武犯禁。"从法家的观点看来，"二者皆讥"。也就是说，韩非对于儒与侠两种人，都有讥评而极不同意。但是单以侠义的精神和侠义道的史实来看，所谓侠义的作风，实渊源于儒墨两家思想的互相结合，尤其偏重于墨家的精神，而侠义道发展的事实，却上承战国时代的六国养士，下接隋、唐的选举制度与明、清以后的特殊社会的形式。但司马迁最初所称的"游侠"，并非纯粹以个人的尚武见长。以个人的武技与侠义合并而成为后世的"武侠"，应当说是《史记》中"刺客列传"的作风与"游侠"精神互相结合的事迹。唐、宋以后，由于禅与道的影响，中国文化的发展处处进入艺术的境界，而不再是秦、汉时代的情形。所以对于文学的造诣境界，便称之为"文艺";对于武功技击造诣的境界,便称之为"武艺"。明、清以后,文有文状元,武也有武状元、武进士、武举人、武秀才等科第。而且民间迷信科学,甚至有认为文状元是天上的文曲星下凡;武艺超群的武状元,或古代武功高强的大将,也就是武曲星下凡。于是,宋、明以来的历史演义小说,充满了这种观念,而普遍灌输、影响到社会各阶层。

——《新旧教育的变与惑》

《刺客列传》：善士者不武

荆轲为什么注定失败？

我们读《史记》的《刺客列传》，司马迁写了很多刺客，第一个刺客是荆轲。燕国的太子丹到处找刺客，要去刺杀秦始皇，有武功的人都不敢来，后来总算找到荆轲，千古留名。但是荆轲的武功，如果拿武侠小说来比较，并不算高，但是他很有勇气。另有一个真的高人，就是盖聂，他本是一位侠客，个子又小，矮矮的，很粗重的一个人。荆轲去看盖聂，轻视他言不压众，貌不惊人，要找他比武功。荆轲把剑一拔，那个样子很难看，大概胡子头发都竖起来，眼睛睁得像铜铃那么大。可是盖聂站在那里双手一叉，只用两只眼睛盯住他，荆轲的剑就拔不出来了，只好把剑还进鞘里，转身走了。所以，司马迁在《史记》上这段描写，形容荆轲只有一句话——"不行"。因为荆轲的神没有练好，盖聂的神把他一盖，也就是眼睛那么一看，就把他看垮掉了，他的武器就出不来了。所以，我们看了《刺客列传》《游侠列传》，归纳的结果，就懂得"善士者不武"的意思。真正的大勇，有武功的高人，看不见他有粗暴的行为。那些刚刚学了三天柔道、跆拳道的人，就在手腕上包一个皮圈，站在那里斗狠，好像要打出去的样子。

——《老子他说》（初续合集）

武侠功夫的不动心

孟子说了他在四十岁就能不动心，于是公孙丑说：这样看起来，老师比我们齐国那位鼎鼎大名而在秦国大出风头的勇士孟贲还更加厉害。孟子却说：

我四十不动心，也不算什么难事嘛！其实，告子比我更早就能不动心了。

孟子和告子，在学问上尽管意见相左，但孟子并不因此而歪曲事实，对方好的就是好的。所以他说告子比他更早便能不动心，这句话孟子毫不隐讳地说出来，绝对不会嫉妒而隐瞒。这也可说是圣人与凡夫的不同之处。

这里公孙丑提到的孟贲，是战国时代有盛名的人，相当于今日的拳王阿里。为什么说孟子比孟贲更厉害？因为对于功名富贵不动心，必须有很大的勇气。例如在街上看见一只名贵的手表，价钱虽然高，自己的经济能力足够买下来，戴在手上可向人炫耀财富，于是动了心想买。如果说硬是不买，不动心，那也要一点勇气才能切断那想买的欲望。很多事情，一般人都是看得通，但下不了决心，拿不出勇气。佛家有一部经典，名为《能断金刚般若波罗蜜经》，就是强调能切断一切妄想、烦恼，这的确需要大勇气。所以公孙丑便拿出自齐投奔秦武王的大勇士孟贲，来比拟孟子不动心的勇气。

曰："不动心有道乎？"曰："有。北宫黝之养勇也，不肤挠，不目逃；思以一毫挫于人，若挞之于市朝；不受于褐宽博，亦不受于万乘之君；视刺万乘之君，若刺褐夫，无严诸侯；恶声至，必反之。

"孟施舍之所养勇也，曰：'视不胜，犹胜也。量敌而后进，虑胜而后会，是畏三军者也。舍岂能为必胜哉？能无惧而已矣。'"

在孟子说了告子比他更早就不动心以后，公孙丑又问孟子，处于外界的诱惑下而能不动心，有没有什么方法？孟子说，有啊！于是他举出两个古人为例，说出不动心的道理来。而这一番道理，从表面上看，似乎和"不动心"毫不相干，因为只是一些打拳练武的事。实际上看懂了以后，就知道他讲的是武士精神，要有这种快刀斩乱麻一般的武士精神，才能有不动心的勇气和定力。无论入世、出世的修养之学，对此都必须郑重注意。

孟子说：像北宫黝，在修炼自己武功的时候，要先养成"不肤挠，不目逃"的功夫。

所谓"不肤挠"，就是遇到可怕的事不会紧张得毛孔收缩，汗毛一根根竖起来。现代常形容为"刀架在脖子上，连眉毛也不皱一下"。"目逃"，在女性方面最常看见，小姐们看到一只小老鼠，尖叫一声，双手把眼睛遮起来，这就是目逃。过去练武功的人先练眼睛，用竹签、筷子在眼前晃动，好像要刺向眼睛，而眼睛不动；再进一步，用水泼向眼睛，眼睛是张开的，尽管水泼到了眼球上，眼球还是不动，连眼睑也不眨动一下，眼神就定住了。

北宫黝便练就武功上这么一个定力。至于在心理上，别人即使损害了他一根汗毛，在他的观念里，就像在闹区或在公堂之中当众打他一样的严重。而对于这种外来的打击，不管对方是普通老百姓，或者是高高在上的大国君主，他同样地不能够忍受，一定要反击，非把这口气争回来不可。当他要去攻击别人的时候，也是这种心理，即使去杀一个有万乘战车的大国国君，在他来说，和在街上杀一个小瘪三一样，并不因对象是一个国君就会恐惧、顾忌或犹豫，他要动手就动手。所以他对于各国的诸侯并不放在心上，天大地大不如我大，算是天地间唯我独尊的人。谁对他说话声音大一点，他一定比你的声音更大，更凶狠。这是一种勇，横而狠的勇，也是任侠尚气、好勇斗狠的勇。

孟子再举例说了另一个养勇的人——孟施舍，他的勇是另一型的。北宫黝的勇，是大洪拳、螳螂拳，相当于近代武侠电影明星李小龙，是精武门这一路上的；相反地，孟施舍则属于太极门，是柔道绵功型的。

孟子说：孟施舍培养勇的功夫则有所不同。外表看起来，他似乎是一个文弱书生，好像对方用指头一点，就会使他倒下去似的。可是真的打起来，他也非常认真，非常谨慎，先估计对方的力量，然后再考虑自己用什么方法，在什么时候进击对方的要害。等到考虑周密，在心理上认为有绝对战胜的把握时，这才和对方交手。这是先顾虑到对手比自己强大的一种作战态度，并不是说我是天下无敌的，一定能够打胜。虽然他随时惧敌，但却具备了不惧怕强敌的勇气。凭了这份勇气，再运用智慧坚强自己的信心，以弱敌强，打败比自己更强大的敌人。

所以武功虽是小道，但是武勇的修养却很不简单。表面上看，孟施舍的胆子小得很，不轻易和人家动手，实际上他的气魄已经修养到心理上不怕任何人。他的智慧已战胜敌人，而态度上还是绝对的谨慎，这是孟施舍和北宫黝两种不同的养勇典型。

说到"不肤挠，不目逃"，我们可以了解，孟子之所以举这两个人的养勇来答复公孙丑，是从外在不动心的修养方面作个说明；也就是告诉公孙丑，对于外在的不动心，起码要修养到所谓"泰山崩于前而色不变，麋鹿兴于左而目不瞬"的程度。这样的修养，的确很难做到。

大家都知道荆轲刺秦王的故事，我们读了《孟子》这一段关于养勇的道理，再读《史记·刺客列传》时，对于荆轲的传记，不必读完全篇，就可以根据孟子所说养勇的两个典型原理断定荆轲刺秦王一定不会成功。这也是司马迁写《史记》的文学技巧高明之处，他牢牢地把握了荆轲这个人的人格特性，可以说把荆轲的灵魂和骨髓都写出来了。

荆轲这个人，好读书，爱击剑，文武全才，他的剑术造诣很高。他曾经到赵国榆次去拜访赵国的剑术名家盖聂，要和盖聂比剑。他大喝一声，拔出剑来，可是盖聂站在原地，纹风不动，"怒而目之"，以非常威严的眼神看住荆轲。这种眼神，就是一种"不肤挠，不目逃"的神气，荆轲被他眼神所慑，便收剑入鞘，回头就走。有人问这是怎么回事，盖聂说，他的神没有养到家，被我的眼神慑服了。然后荆轲又到邯郸去会有名的豪客鲁句践，两个人一起赌博，因此争路道，鲁句践光火，大声凶狠地诃责他，荆轲又一声不响地走了。鲁句践的气势，同样地，把荆轲逼走了。由此可见荆轲的养气炼神的工夫都不够上乘水平，所以他刺秦始皇会失败，更何况秦始皇的武功也很高。谈到练武，勇气固然重要，但修心养性的涵养工夫，可以说比武功更为重要。

我们再回来看孟子对孟施舍的介绍。这位孟大侠的勇有四个要点，我们必须注意。第一，自己对自己要有信心，如果自己失去信心，那就不用说了。第二，要准确地衡量对方的能力。第三，抓住对方的弱点。第四，也是最重要的一点，行动时要小心谨慎，绝不轻视对方。具备这四个条件，才算得上"勇"。不论个人的武功成就也好，两军对垒作战也好，乃至平常面临艰危困难，如何去克服，如何善处艰危，都需要有这样的勇气。虽然未必一定有百战百胜的把握，但失败的机会总不会太多了。

"孟施舍似曾子，北宫黝似子夏。夫！二子之勇，未知其孰贤。然而，孟施舍守约也。

"昔者曾子谓子襄曰：'子好勇乎？吾尝闻大勇于夫子矣。自反而不缩，虽褐宽博，吾不惴焉？自反而缩，虽千万人，吾往矣。'孟施舍之守气，又不如曾子之守约也。"

孟子的话，到这里作了一个转折，把北宫黝和孟施舍两人的养勇工夫作了一个小结，但不是总结。从这一小结一转，又引发出更深一层的理论来。他介绍了二人养勇的状态，然后为二人作结论，而不作直接的批评。他的讲解，仍然用比喻来说明。

他认为孟施舍的养勇工夫，就好像孔子的学生曾子。《论语》上说"参也鲁"，从外表上看起来，曾子好像是呆呆的，而孔子的道统最后却靠他传下来。至于北宫黝呢？好比子夏。孔子死后，子夏在河西讲学，气象比其他同学来得开展。不过孟子又说，北宫黝和孟施舍这两个人的养勇工夫，到底谁比较高？这就很难下断语了。然而还是孟施舍这个路线比较好，因为他"守约"，晓得谦虚，晓得求简，晓得守住最重要的、最高的原则。北宫黝奔放，气魄大，可是易流于放纵任性，不如孟施舍的"守约"，也就是专志守一的意思。

孟子接着说，以前曾子问他的学生子襄，你不是好勇吗？我老师孔子告诉我，关于气派、气魄、义无反顾、浩然之气等，都是真正大勇的修养原则。孔子说，真正的大勇，是当自己反省到自己的确有理、对得起天地鬼神的时候，尽管自己只是一个默默无闻的小老百姓，但面对任何人，心中也绝不会惴惴不安,天王老子那里也敢去讲理。但是如果反省到自己真有错误的时候,就要拿出大勇气来,虽然有千万人在那里等着要我的命,我也是勇往直前,去承认自己的错误,承担一切错误所导致的后果,接受任何的处分。"君子之过,如日月之蚀焉",能这样一肩挑起自己错误的负责态度,就是真正的大勇。

通常一个人犯了错,对一两个朋友认错已经很不容易了;若能对着一大群人承认自己的不是,那真需要"大勇"的气魄了。

这是我的解释,我把"缩"照字面直解为乱、缩拢的意思,缩就是不直,不缩就是直。另外古人有一种解释,"缩,直也",这样也可以。不过这段话虽然大意不变,句法就有些不同了,说出来让大家比照参考:自己反省一下,要是我理亏,即使对方只是一个穿宽大粗布衣服的平民,难道我能不惴惴然害怕不安吗?反省一下,自己是理直的,虽然面对着千军万马,我也勇往直前拼到底。

我们了解孔子对曾子所说大勇的内容,也就了解孟子引述这段话的作用了。孟子引用孔子告诉曾子的大勇原理，根据孔子的说法来推演，孟施舍的守约固然也很高明，但又不如曾子的守约。曾子这种修养工夫，是更上一层楼的成就。

前面孟子说了，"孟施舍似曾子"，又说"然而，孟施舍守约也"。孟施舍守的是什么"约"？简要地说，他是"量敌而后进，虑胜而后会"，不轻视任何一个敌人。实际上这是养气的工夫，而孔子所告诉曾子的，不是练工夫，而是做人处世的修养。不但不问胜败如何，还进而问自己合理不合理；合理则理直气壮，不合理则坦然受罚。如此，即使手无缚鸡之力，依然是有大勇，是一个顶天立地的大丈夫。所以曾子守的是这个约，与孟施舍有所不同。曾子是有真学问的人，在人生修养上，是大智、大仁、大勇的中心；而孟施舍守的约，只是与人交手时的一种炼神、炼气的最高原则而已。所以孟施舍的"守约"，比起曾子的"守约"来，就只能算是"守气"了。

——《孟子旁通》（中·公孙丑篇）

《龟策列传》：神龟的命运

战国时代，对大龟看得很珍贵。如果现在有人以此为题写博士论文，一定也可以拿到一个学位。司马迁在《史记》中写了《日者列传》《龟策列传》，就提到过乌龟。所谓"日者"在古代包括了天文学家、气象学家、占卜、算命等都在内。过去对于这些像科学，又像哲学，又像玄学的东西，都归"太史公"掌管。所以当时太史这个官，就是专管历史和这些事情的。司马迁的《史记》中，常有"太史公曰"，因为他是历代世袭的太史，他是把父亲捧出来："我爸爸说的。"后来司马迁承袭父职也做了太史公。他自己要骂人的时候，不好意思直骂，就说"太史公曰"——"我爸爸当年说的",这是司马迁写文章调皮的地方。

司马迁在《日者列传》《龟策列传》中,写到卜卦用乌龟的事。古代认为乌龟有神灵,卜卦要用乌龟的壳。卜卦的人如何找得到那么好的乌龟壳?古代的情形不知道,据我们所看到的,就很残忍了。是把乌龟上下夹住,然后在乌龟后面用火一烧,乌龟被烧痛了,拼命想逃走,可是壳又被夹住了,最后向前猛蹿,龟肉飞了出去,壳就留下来,所谓"脱壳乌龟"就是这情形。这种龟壳,就被认为有神灵,拿来做卜卦之用。

司马迁因为世代研究这类东西,天文、气象、卜卦,等等都会,因此他在《龟策列传》中,对这件事写得很妙。他说乌龟如何如何灵,如何如何神。在春秋战国以前,遇到国家大事,连大臣们都不能决疑的时候,就用卜卦来决定。他还举出了许多例子,来证明乌龟如何灵验,但写到最后,妙了!他写道:"江傍人家,常畜龟饮食之,以为能导引致气。"最后这么一句,意思是说:据小子我遍游名山大川，读万卷书，行万里路，到了南方一看，江淮之人，长江以南，湖南、广东一带的人，他们还吃乌龟的肉呢！这篇文章到此就完了。你说他迷信不迷信？这可不知道了，也许这是他的历史哲学。上面说了乌龟很灵验，既然很灵验，又自己保不住，江淮的人还吃乌龟肉，就可见不灵验。假如不灵验，又何必去迷信？但一定说是迷信，上面又举了很多灵验的事实。由此我们知道古人写文章，不像现代的人写文章没有根。古人写文章不但有根有据，而且不轻易下结论，非常客观。

——《论语别裁》

司马迁笔下的"方士":真正的"方士"什么样?

在这个时代来讲道家,正当一切的学术思想,都被沉埋在科学的浪潮中旋转,所以一提到"方士",便使我们有无限的感慨。首先我要为历史上的"方士"们提出一个声辩,所谓真正的"方士",也就是我们古代真正的科学家,后来由于被传统文化另一观念所影响,便受历来自命为儒家的学者,根据有关于"方士"们不利的资料,而被造成是一个轻薄鄙视的名词。因此我们历史上的"方士"与"方术之士""方技之士"等称号,一直被读书的知识分子,视为江湖末技,与跑马卖解(做把戏、变魔术）、走江湖、混饭吃的观念，混合在一起了。其实，退一步说，假使"方士"便是走江湖、混饭吃的一流人物，虽然多少含有混骗的成分，但也不过是"众庶凭生"，为了生活，与那些欺世盗名者相比较，也无什么惭德之处。但最不幸的，正因为我们历史文化，过去对于"方士"有了这种偏见，就使我们上古发现的原始科学研究，在这种轻视的观点之下，永远被沉埋在"方外"的角落里了。

关于"方士"名称的来源，比较可靠的资料，首先见于战国时代的学者们，特别提出这个名称，但在那个时候，这个头衔，并不含有轻视的意思，只是作为学术技能的特称而已，庄子曾经提出"方术"的名称，也正是说明"方士"是一种有特长学术的人士。秦汉以后，"方士"之名，渐已通用，尤其在司马迁的《史记》里，写到秦始皇的迷信"方士"而求神仙，汉武帝受到"方士"们的欺骗而到海上求仙，《封禅书》中，用微言大义的笔法描述汉武帝的愚痴与迷信，以及"方士"们诈欺的丑态，于是后世对于丑陋可鄙的"方士"，就因袭观念，不屑一顾了。其实，在司马迁的笔下，对于具有价值的"方士"，只要他的学说与方术技能，足以影响人心，有利于社会的，他并不轻视，更不放过，都分别地为他们一一列传；如属于阴阳家的驺衍，属于医家的仓公与扁鹊，属于游戏人间，以滑稽见长的东方朔，属于占卜的《龟策列传》中的叙说，乃至后来与"方士"合流的游侠等等，无一不尽情描述，择要说明他们的特长与笃行。至于有关于天文、历象研究的专家，更加悉心记载，备极重视。甚之，司马迁自己，正是醉心于天文、历法的研究；换句话说，他的学问的长处，是想秉承儒家孔子的精神，与道家的宗旨，而他渊博的知识，与学术的修养，却很注重天文与历法的探索。我们如果用强调一点的风趣口吻说，像庄子与司马迁一流的人物，才有资格算作中国传统文化中的正牌"方士"呢！当然啰，这只能说是偶发而借作比喻的话，不足为训。

——《禅宗与道家》

司马迁笔下的"隐士"：中国文化真正的幕后主角

《史记》为何没有单为老子列传？

提起老子，真是一个千古绝妙的人物，我们首先提出司马迁在《史记》上，关于孔子见了老子以后，孔子对于老子所加的评语，也就是后来号称为正统儒家所不肯承认的话，那便是孔子说老子"其犹龙乎？"赞叹他是见其首不见其尾的妙人。

老子，是中国自古以来，隐士思想的总代表，他是一个博古通今，具有十分渊博的学问，而且富于超越尘俗的修养，不求名利的隐君子。所以到了司马迁为他写传记的时候，也是捉摸不定，只好把那些有关于老子的传说异闻，一概记载上去，做了一篇忠实的报道。至于老子，是否便是李耳、老聃，或老莱子，一概不加肯定。老子其人的妙处莫名，不但司马迁在笔下，已经把他写成神龙见首而不见尾，后来又被人推崇为道家的宗祖，再被道教扯上做教主，登上太上老君的宝座，那就更是神乎其神了。

我们不要忘记，在中国文化史上，把道家学术思想，判归老子的管领范围，那统统是秦汉以后学者笔下玩的把戏，我们只要留心历史，便知在汉初有名的，用道家思想做政治领导的文景时代，凡是讲到道家的学术，都是用黄老并称的。到了司马迁著《史记》，举出他父亲司马谈《论六家要旨》以后，跟着便有刘歆《七略》，班固《汉书·艺文志》等的著述，不但把周秦之际的学术分家，使其门庭对立，壁垒分明，而且把道家投怀送抱，确定归在老子的户籍之内，于是后世学者讲道家，便有以老庄具列的趋向。魏晋以后的道家者流，讲传承的系统，便有谓老子传关尹子与庚桑子，庚桑子传壶子，壶子传列子，列子传庄子等一列系的学术世谱出现了。

其实，无论后世的道家与道教之徒，首先都接受了太史公司马迁父子的说法，先入为主，轻轻地蒙混过去，如果起司马迁于九泉来对话，一定非常可笑。司马迁著《史记》，及其自序之中，都说自己父子的思想，是宗奉道家的思想，而且也很推崇老子。后来班固父子刻意求工来著《汉书》，站在西汉以来儒家的观念，也说司马迁父子是道家的思想，推崇老子，而且有不以为然的按语。殊不知他已忽略了司马迁笔下微言大义的用意，他所说的道家，正是抬出来自上古，中国文化传承"学者所共术"的道统，他只是拿老子来做正面的衬托而已；如果他认为老子就是道家的宗祖，他为什么不专工罗织老子的事迹，为他好好写一篇伟大的传记呢？他能够空前地破格创例，为当世无赫赫之功，而素位而行的孔子写世家，而且写得那么伟大精到，难道就不为他父子所崇拜的老子也写一篇类似世家的传记吗？结果呢？在他著的《史记》里，他很公平的，只把老子归并在《老子韩非列传》里去，就此一笔带过罢了；这就是司马迁用他习惯的史笔，要人在他全部的著述里，寻出他当时的处世环境；他既不同意于西汉以来，实际是阳儒暗道，却自号称为正统儒家的人物，同时也不同意自秦汉以后，实际是方士变神仙的假道家的作风。可惜我们后来的学者，既栽在司马迁的笔阵里，又受刘歆、班固等人一再暗示的影响，加上被魏晋玄谈的陪衬，便把道家的学术思想，扼杀在老庄的户籍之内，忽略了道家真正的"综罗百代，广博精微"的内容。因此，我们提到道家，便会以老庄作为中心代表的观念，就此因袭联想而成了。

——《禅宗与道家》

隐士之道，是帝王学的领导

我们的历史，自上古以至秦汉，可称为正史的，除了孔子著的《春秋》，以及春秋的"三传"（《左传》《公羊》《穀梁》）与《国语》以外，便是孔子和孔门弟子参加修整过的五经（《易》《礼》《诗》

《书》《春秋》）。后人有所谓六经皆史的说法，那便是说：我们所保留的五经资料，都是具有充分价值的史料，但是，这些都是属于正史的题材；此外，如自古流传，散见于民间及诸子百家的传说当中，所记述有关的史料，是属于历史背景上反证的部分，也不能说毫无采信的价值。相传历史上的隐士，在三代之际，便有许由、巢父、卞随、务光等人，这些人物，大多都是"视富贵如浮云"，所谓敝屣功名，薄视帝王而不为的角色；同时，又说他们的学问、道德、人品，都是有超人的成就。正因为他们浮云富贵，敝屣功名，所谓"天子不能臣，诸侯不能友"，因此使我们历史上所推崇的圣帝明王，如尧、舜、禹、汤等人，都为之礼敬景仰有加；换言之：凡是上古的圣君名王，无论为政为人，最顾忌的，便是隐士们的清议与轻视。尤其在野的知识分子，和民间的心理，对于隐士们态度的向背，非常重视，到了秦汉以后，司马迁作《史记》，特别点出隐士一环的重要，把他和谦让的高风，合在一起，指出中国文化，与中国文化人高尚其志的另一面目。

因此他写世家,便以《吴太伯世家》做点题;他写列传,便以《伯夷列传》做点题,尤其他在《伯夷列传》中,借题发挥,大发其历史哲学与人生、世事哲学的议论,比他的自序,还要进一层,深刻透露出文化哲学的观点,强调隐士思想的背景,与其崇高的价值。

其次,如众所公认我们大成至圣先师的孔子,大家都知道他是一个心存君国的救世主义者,他要面对现实,反对逃避责任,但在他的一生里,却极力赞叹伯夷、叔齐和吴太伯等人的让位逃隐,推崇他们的人格。他也讲到"邦有道,危言危行,邦无道,危行言逊"的处世方法,同时提出"宁武子,邦有道则知,邦无道则愚,其知可及也,其愚不可及也"的观感等等。这是说明孔子尽管自己具有入世救世的愿望,但对于隐士思想"贤者避世,其次避地"的做法,仍然非常赞同,甚至,他有的处世方法,也不得不取与隐士思想雷同的态度。所以在他周游列国的时期,遭到晨门者、荷蒉者的讥刺;碰到长沮、桀溺的批评;领会楚狂接舆的讽劝,他只有会心的叹息,明知其不可为而为之。只有在桀溺对他批评说:"滔滔者天下皆是也,而谁以易之,且而与其从辟人之士也,岂若从辟世之士哉!"他曾莫可如何地加以按语,才有"鸟兽不可与同群,天下有道,丘不与易也"的感叹。后来大家便引用他说"鸟兽不可与同群"的一句话,认为是孔子骂隐士们逃世消极的丑陋判语,其实,他说这句话,并非如后世人所想象的那样丑陋与恶毒,他只是说出人各有志,彼此各行其是的感慨而已。因为鸟是飞的,兽是走的,所谓远走高飞的消极者,与积极入世者,彼此都可各行其是;表明他自己,决心走的是入世救世的路线。我们只要一读司马迁写《老子韩非列传》中,由孔子对于老子的按语:"鸟,吾知其能飞;鱼,吾知其能游;兽,吾知其能走。走者可以为罔,游者可以为纶,飞者可以为矰。至于龙,吾不能知其乘风云而上天,吾今日见老子,其犹龙邪?"一段话,便可了解孔子所说"鸟兽不可与同群"的语意何在了。并且由此也可以明白他对于隐士思想的估价,和推崇老子为高隐代表者的表示。因此司马迁写在捉摸不定的《老子韩非列传》里，也就有了"老子，隐君子也"的结论。总之，孔子的思想，与秦汉前后所号称的儒、道两家思想，他们在原始的本质上，对于"君子得其时则驾，不得其时，则蓬累而行"的立身处世的态度，是完全一致的，尤其对于"蓬累而行"的隐士们和隐士思想，是具有"心向往之"的潜在情感的。

讲到历史政治与隐士的关系，这在我们整个的历史系统里，是一个非常有趣味的问题，只是大家都相沿因袭惯了，谈到历史，不是用一本正经的严肃面孔来读，便抱着疑信参半的态度来研究；可是无论属于哪种方式，对于历史政治上幕后隐士们的价值，都忽略过去了。我在前面曾经强调说，隐士思想与隐士们，是操持中国文化的幕后主角，但是自古以来，真正彻底的隐士，已经无法确实得知他们的事迹，只有被道家的人们，搜罗一部分，假托一部分，归入若隐若现的神仙传记里去了。我们现在提出与历史政治有关的人物，也只能算是"半隐士"的一群；所谓"半隐士"，就是说他们的生平，或者在前，或者在后，过的是隐士的生活，其余半截的生活，就出山入世，参与现实社会，和实际的政治有了牵连。关于"半隐士"与"隐士"，我们引用宋代诗人陆放翁的一首诗，作为恰当的说明，放翁的诗说："志士山栖恨不深，人知已是负初心。不须更说严光辈，直自巢由错到今。"他认为真正的隐士，入山唯恐不深，避世唯恐不远；而被人知道出了名的隐士，已经辜负了自己当初逃隐的动机了，姑且不说别有用意的严子陵们，就是许由、巢父他们，被人发现了踪迹，有了"高尚其志"的"隐士"声名，也早就错到底了。这虽是陆放翁有所感而发的话，然而也足以代表"半隐士"们的一般感叹！至于历史政治有关的"半隐士"，例如伊尹、傅说、姜尚，以及间接有关的，鬼谷子、黄石公，与秦汉以后的"半隐士"如张良、司马德操与诸葛亮。南北朝以后，列入道家人物的，如王猛、陶弘景，唐代的魏徵，宋代的陈抟，元代的刘秉忠，明代的刘基、周颠，清代的范文程等等，都是其中的荦荦大者，为一般比较容易熟悉的人物。这便形成中国历史政治上特有的情形；凡在拨乱反正的阶段，或建国创业的时期，身为中国文化幕后的"隐士"们道家的人物，就见危受命，挺身而出，代表一般山林在野的志士们的精神，辅翼命世之士而创造新的时代和历史。到了治平的时期，便又默默无闻，把成果与责任，付之自命为儒生们的手里了。因此，我们要了解，中国历史的演变，及其兴衰成败，与学术思想的关键，几乎有一共通不易的定例；那便是凡当拨乱反正的时期，大多是道家人物与道家学术思想的功劳；到了天下太平，坐而论道，讲究修齐治平之学的时期，就成了儒家的天下了。"隐士"的道家人物们，对于过去中国历史政治具有这样举足轻重之势，除了"通古今之变"，如司马迁等少数人以外，一般人几乎不明实况，所以把真正道家的人物，与真正道家的学术思想，就一直蒙在冤枉的档卷中了。

——《禅宗与道家》

研究中国哲学史文化史的，要特别注意，我看到近百年来著作，好像对于隐士方面没有搞清楚。中国文化几千年来，影响最大的并不是孔孟，也不是老庄，而是隐士。

中国文化对隐士思想的推崇，极为高远。这是代表文化精神的一个招牌；甚至历史上已经出名的高士、隐士，都受文化思想的批评，这个民族思想是非常特殊的。所以我们要了解，道家思想形成了隐士学派；三千年来，二十六代的历史上，占了非常重要的位子。而他们在国家时势危急的时候出现，拨乱反正，救世救人。等到天下太平了，有许多连名都不留就走了，就是老子所说的，"功遂身退，天之道也"，这是中国文化的另一面。我们青年同学研究中国文化，对于这个问题，应该密切注意。过去一百多年来，好像所有的著作，都没有提到这一方面，甚至于忽略，乃至说不了解。

——《庄子諵譁》

"用九，见群龙无首，吉。""群龙"就是指这六爻，六条龙无首，没有头的，这是大吉大利。六条龙都没有头为什么大吉大利呢？"用九"，从政治哲学、历史哲学立场来讲，"用九翩翩"是谦虚到极点，自己决不做首领，也不占任何位置。我常说中国文化里的隐士之道，是帝王学的领导，隐士决不占任何位置，也不要任何权益。

所以"用九"这个群龙无首，也可以说是真正的大民主的精神，平等平等。自己不在其位，一概不用，当然大吉大利。一个人帮助团体得益很多，他自己什么都不要，飘然而去，这个人就是"用九"。"用九"当然"见群龙无首"，所以大吉大利。

——《我说参同契》

我在以前讲《论语》的时候，说过中国文化注重道家的隐士们。历代的隐士们和当时历史时代的开创有绝对的关系，可是在历史的记载上都找不到他们，如三国时代的诸葛亮，是谁培养出来的呢？是他的老丈人黄承彦和老师庞德这些隐士。像他们就是用九，改变了历史的时代，而自己又不受环境的影响，所以要用九。

见群龙无首，不从那里开始，永远没有开始，也永远没有一个结束，既不上台，当然也不会有下台。用九最高明，用九者不被九所用。换句话说就是告诉了我们做事的道理，以现代话来说，就是做事要绝对的客观，不是与时代没有关系，而是处处有关系，这是真正领导历史时代的做法。"群龙无首"，是一个圆圈，完整的，所以大吉大利。

从做人来说，人到无求品自高。曾子也说："求于人者畏于人。"越是有求于人家就越怕人家，无求就是用九的道理，用九是元亨利贞，并不是潜龙勿用，潜龙勿用有待价而沽的意思存在，用九则已经忘我了。以现代话来讲，用九是中国文化最高的哲学精神。有人说儒家是捧帝王的政治哲学，这是不对的，儒家、道家的思想，都是从《易经》来的。把今日的西方文化拉过来讲，真正的民主，就是群龙无首，大吉大利，天下太平，人人都天下为公了。

——《易经杂说》

观今宜鉴古,无古不成今

——读史的正确打开方式

历史是什么？我们为什么要读历史？

我们有五千年历史，譬如我们经常提到二十六史。全世界的民族，保存自己国家民族的历史最完整的只有中国人。譬如印度，历史都没有了，靠十七世纪以后的外国人帮他们整理。

印度这样大的国家，这样大的民族，这样深厚的文化，就是没有历史。你们不能拿美国来讲，我在美国的时候给他们讲笑话——你们的历史两百多年，我们有五千年，我说你们要给我们做文化的学生，做徒孙我都不要。讲科技的话，我们叫你师父还可以。

我们小的时候是讲二十五史，加上清朝三百年的历史是二十六史,如果再加我们这一百年,就是二十七史。任何一个国民,如果自己不懂历史,就不要谈文化了,因为新旧的观点无法对照。所以我也常提这个话——"观今宜鉴古,无古不成今"——我们要想了解现在,了解未来,必须读历史,回头去看过去的经验。没有古代哪有现代?没有父母哪有儿女呢?没有祖先哪有我们呢?可是,我们现在迷了路。

——《漫谈中国文化》

一个国家民族的文化中心就是自己的历史,这是非常非常重要的,如果自己祖先的历史文化传统都不知道,那就是中国文化的名言"数典忘祖",做人不可以数典忘祖。全世界有六七十亿人口,有许多国家,但是最注重历史的是中国人。希腊、埃及、印度及中国是四大古国,都有几千年的文化,可是希腊、埃及、印度都没有中国这样注重历史。历史是非常重要的,只有我们中国人特别注重。

从上古到现在,中国分为两大系,南方与北方。

北方以黄河为主，是黄帝轩辕氏的文化系统，炎帝神农氏尝百草，然后确定五谷为人们的主食。中国人过去就自称是炎黄子孙。南方的祖先燧人氏，发明钻木取火。以文化来讲，这里要追加说明，有人说黄帝子孙是龙的文化，当年在台湾有个年轻人作了首歌《龙的传人》，那是笑话，中国人不是龙的传人，我们是人的传人。

从黄帝起到现在，有文化起源根据的历史到今年是四千七百多年，黄帝以前的称为远古史。中国文化向来不是宗教，像我们从六七岁读家塾，在家里请老师来教，就晓得所谓"盘古老王开天地"，到所谓天地人三皇，再到五帝的黄帝这个阶段，据我所知已有两百七十多万年，这些旧的历史都有，这个观点可以代表全人类发展史的观念。而现代的人不敢承认也不敢相信我们历史是那么的悠久。只不过，有正式记载的是从黄帝轩辕氏开始。学者们把黄帝轩辕氏建立的这个中国，称为炎黄子孙、华夏民族，所以我们现在讲起中国华夏民族有几千年的历史。中国人素来注重历史，历史是文化的中心、躯干、总汇。

现在为了时间问题，长话短说，中国最近六七十年来不大注重历史了。我们以前读书非常重视历史跟地理，一个国家的民族若不知道自己的历史和地理，是个大笑话；一定先要了解自己的历史和地理，再推而广之，了解世界上每个国家的历史和地理，这是一个国家民族意识的中心。我们现在很可怜，历史文化几乎断层了。

我经常告诉青年人，你们想要了解国际政治，要晓得全世界多少国家、多少宗教、多少民族，就必须先要了解自己国家的历史、政治、宗教、民族。你们不管有没有出国留学，对自己历史的研究，对远古、上古、中古等的了解，都连一点影子也没有。我在外国对中国的留学生讲，你们要了解世界政治，赶快去读春秋战国。现在的世界政治就是春秋战国的放大形势，在我看来几乎是一模一样。在欧美留学拿到博士、硕士学位回来，就想把某个国家的文化体制用到中国，就想治国平天下，懂个什么？这叫"隔靴搔痒""药不对症"，可以说影子都没有，所以不读历史是不行的。

我十二岁一个人在山上庙子里读书，不是读《资治通鉴》，是读《纲鉴易知录》，一年两个月当中已经读了三遍，基础打稳了，所以对历史比较有兴趣也比较注意，而历史与文化是整体的。

我们现在研究历史，你们许多人在大学里也读历史，你问要看哪一个教授写的，我不加意见。有些人看中国经济史、中国教育史、中国文学史……我就笑了，看这些书等于钻牛角尖，没有全盘了解。因为这是一般读书人在读了历史以后，站在某个立场观点写的。真要写的话，我刚刚给你们讲的那些话，内容很多，已经有一百个博士论文的题目，又可著书变成学者了。

有人问我，我们推翻清朝到现在是九十九年，再一年就一百年了，一百年以后你看中国的前途怎么样？我说要想了解现在这个时代，你去读历史，古书上说"观今宜鉴古，无古不成今"，想知道未来，要知道过去，不懂得历史你怎么晓得未来？更别谈想懂人类社会文化是怎么演变的。这是告诉大家历史的大要。

——《廿一世纪初的前言后语》

我们转过头来,应多看《春秋》,多看《战国策》,尤其处身在这个世界纷扰的时代,国家前途多难,大家应该坐下来多读这两部书。

我认为,凡是现代的国民,应该把《战国策》等书好好研究,拿它和孔孟之学互相研究。以孔孟之学的王道德政作为治事与立身、立国的中心,以《战国策》《孙子兵法》等为权变、应变、适变、拨乱反正的运用之学,实在很有必要。千万不要认为这些书是老古董,根本不去摸它。要知道,你根本还没有好好地深入去摸它,哪里知道这些古董之为古?它又是如何的古法呢?人云亦云,胡乱抛弃固有文化中这些宝藏,实在是很盲目,而且非常可惜。

我们生当此时此地,现实世界的局势,就如春秋,就如战国,尽管时代有不同,社会结构与政治制度、形势都有不同,但在大经大法、大原则、大原理的变化之际,国与国间,人与人间,古今中外,并无例外。所以特别提醒注意，希望年轻的同学们，为国家的将来，为自己，都能花些精神，多去读《春秋》《战国策》这些书，只要能够善于读它，必定会有用的。的确是"其智有过人者"，例如苏秦、张仪两位同学，故意制造了正反相妨，而又相辅相助的反复阴谋，便使整个天下，在他们手里玩弄，使天下在他们手里安定。由此而知，今天世界上的故唱和平，实为倡乱的反复阴谋等等，只要你真正懂得《战国策》的策眼，便可一觑看穿，不会上当的。

——《孟子旁通》（上·梁惠王篇）

我们了解自己的历史，是为了将来承先启后，继往开来，所以必须要熟读《春秋》与《战国策》；我们现在就是春秋与战国的一个缩影，一个扩大。我们看过去人类的历史，隔一条河或一座山，就是一个国家，外国史也一样。所谓江东、江西、江左、江右，隔一条江就不得了了。《三国演义》里曹操要打南方，长江是天险。历史再进步，后来争的是海洋。十九、二十世纪，像英国有强大的海军，有掌握海洋的权力，号称日不落国，全世界都有他的殖民地。可是社会更进步了，海洋也隔不住了，现在争的是太空。所以历史根据这个发展，一步一步扩大，至于太空以后，反正我们看不见了，要看见只有投胎再来看了。是不是隔一个银河系统啊？或者隔一个大千三千世界，那就不管了。

由过去历史看来，环境在扩大，空间的面积在扩大，地球上都是人，不管白种人黄种人，人的心理、头脑，古今中外一样。历史的纷争，利害的冲突，也是一样，人始终没有进步过，还是那个样子。所以我们要了解今后历史的趋势、世局，只有熟读《春秋》《战国策》。当然不要停留在那个时候，如果动辄希望再出来一个孔子，再出来一个齐桓公，那一定要送你到精神病院去了。如果能把一切原则懂了，再看现在的世界，看未来的世界发展，大概可以说了然于胸，就很清楚了。

——《孟子旁通》(下·离娄篇)

为什么把历史叫"春秋"而不是"冬夏"?

最早的上古文化,庄子所提出来的六合,就是老祖宗们对宇宙看法的代名词。"六合之外",天地以外还有没有世界?人类究竟是不是外星球过来的?这是中国文化,以及佛经里讨论最厉害的事情,有凭有据的。人类从哪个外星球来,佛学里都明确地指出,怎么来的,坐什么东西来的,来了以后如何流落在地球上,变成我们老祖宗的。老祖宗在这个地球流落得很可怜,因为贪吃盐巴(地味、地肥)搞坏了,所以流落在我们这个地球上。

这个六合之外的事情,他说上古文化,"圣人存而不论"。你们注意,一个"存"字,不是冒昧地说没有这个问题，这问题永远存在，不过暂时不去追问它，所以说"存而不论"。那么宇宙间的人事呢？"六合之内，圣人论而不议"，只是讨论研究，不加批判，不做一个严格的结论。在这两个原则之下，就显示了我们的历史比任何国家民族都早，都完备。像许多国家，许多民族，都没有历史，是后世来慢慢追溯的。印度就是如此，到了十七世纪以后，英国人在印度了，才找旧资料，由英国人、德国人写的印度史。

其实大部分翻译成中文的佛经中，都有印度史的资料，但西方人故意不承认，在我们《大藏经》里所有的印度历史，都没有采用，很是可惜。印度有几个东西不大讲究，没有历史观念，没有时间观念，也没有数字观念。他们的民族文化就是如此，究竟好不好呢？很好，很解脱嘛！人被这些历史的包袱，时间的包袱，数字的包袱捆住了，很痛苦耶！所以修道蛮好，优哉游哉，饿了摘根香蕉吃吃，然后打个坐，没有裤子衣服穿，树叶子弄一片，遮一遮就蛮好啦！不过讲人文文化就不对了。

只有我们中国！从远古开始就建立历史观念，这个历史叫春秋。青年人注意啊！中国文化历史叫春秋，不叫冬夏，这有它的道理。天地之间只有一个现象，一个冷，一个热，这是太阳、地球跟月亮的关系。冷到极点是冬天，热到极点是夏天。秋天是夏天进入冬天的中间，是最舒服的时候，不冷也不热。春天呢！正是由冬天进入暖和天气的中间，不冷也不热。所以在我们的季节上，一年有二十四个节气。春分与秋分那两天，白天夜里一样长短，不差一毫。夏至是白天最长，夜里最短；冬至是夜里最长，白天最短。只有春分跟秋分一样长短，这个太阳下去，刚刚地球面一半，夜里也一半，我们穿的衣服不冷也不热，刚好。所以春秋是世界最和平、最公平，持之平也！而历史是个"持平"的公论，所以叫春秋，不叫冬夏，春秋的道理是如此。

中国文化的开头，是历史的观念。中国为什么开始那么注重历史文化呢？历史是给人类留下人生的经验，这个经验是经济之学，不是学校经济系的经济。前面我报告过的那个经济，叫作"经世"之道，是救世救人的学问。也就是把人类过去的成败盛衰、善恶是非的经验，留给后人做榜样，使后人了解我们祖先的文化，对人类的和平安乐是怎么样的。只是后世的子孙不肖，把社会天下人类弄成这样的痛苦，这就并非是先王之志。所以"春秋"是"经世"之学，是"先王之志"。但是孔子著《春秋》"议而不辩"，所以《春秋》的道理，只是责备贤者，而不是批评普通老百姓。《春秋》要批评的是历史上负责的人，社会搞坏了，那是领导者的责任，与老百姓无关；因为百姓是被教育者，负责人是教育老百姓的人。所以《春秋》责备贤者，不责备一般人。因此孔子"一字褒贬"，一个字下去，就把领导者万代罪名判下了。

——《庄子諵譁》

我们读历史就知道，孔子出生的那个时代，我们后世称它为"春秋时代"，就是西周与东周之间的时代，孔子写了一本书叫作《春秋》，后来"春秋"成了历史的代名词。在孔子前后，有人写了历史，都称《春秋》。中国文化中为什么把历史称为"春秋"而不称为"冬夏"呢？照理冷就是冷，热就是热，称冬夏也无不可。有人说因为《春秋》第一句话"春王正月"。后世把"春王正月"读成一句话，是读错了。所以我们再三讲，读古书要注意的，因为那时候还没有纸笔，文字要用刀刻在竹简上，很艰难，所以往往一个字就代表了一个复杂的意义。这个"春"是春季；"王"是中央政府，是周朝；"正月"是周朝所行月令的正月；而成为"春王正月"。以此来解释历史所以称作"春秋"的原因，这是不对的。

刚才提到，中国文化发展得最早的是科学，而科学中最先发展的是天文，讲世界科学史，乃至讲科学，一定先研究天文。要讲天文，则中国的天文，在三千年以前就发达了。在全世界而言，是一马当先的。讲天文又必须讲数学，而中国的数学，六千年以前，也很发达。这方面等将来有机会谈到《易经》的时候，再讨论它。

中国的文化是自天文来的。我们知道一年四季的气候是不平均的,冬天太冷,夏天太热。讲昼夜,白昼在冬天太短,在夏天太长,都不平均。只有春天二月间和秋天八月间,"春分""秋分"两个气节,就是在经纬度上,太阳刚刚走到黄道中间的时刻,白昼黑夜一样长,气候不冷不热很温和,所以称历史为春秋。这就是中国的历史学家,认为在这一个时代当中,社会、政治的好或不好,放在这个像春分秋分一样平衡的天平上来批判。拿现在的观念来说,称一下你够不够分量,你当了多少年皇帝,对得起国家吗?你做了多少年官?对得起老百姓吗?都替你称一称。历史叫作"春秋"就是这个道理。

——《论语别裁》

孔子一辈子真正的学问,不是《大学》《中庸》哦,《大学》是他的学生曾子著的,传授孔门心法。《中庸》是他的孙子子思作的,子思是曾子的学生。孔子的讲学对话记录是《论语》,是他的学生们编集的。那么孔子有没有真正的著作?有,《春秋》,还有《易经》的《系传》等十翼。孔子为什么把他编著的历史叫作《春秋》而不叫"冬夏"呢？我在书上也提到过，这是根据天文来的，每年春分与秋分这个阶段，气候温和，不寒不冷，昼夜均长，所以"春秋"的意思就是平衡，秤一样地公平，这是孔子著《春秋》的深意。

《春秋》他是只写纲要哦，没有写内容，等于是左史记事，没有记言；中间的历史内容是他的学生传承编集的。《春秋》有三传——《左传》《公羊传》《穀梁传》，把内涵加进去补充说明，三家各有不同观点。《春秋》的目的是讲什么呢？这是大问题了，我们时间来不及一路讲下去。孔子的一生学问好，著了《春秋》以后，他认为别人不一定了解他的历史哲学观，因此讲了两句话，"知我者《春秋》，罪我者《春秋》"。他说将来后世的人如要骂我，是因为我著了《春秋》；真正懂我的人，知道我讲中国文化精神在哪里的，也是因为《春秋》，所以说《春秋》有微言大义。有没有人骂孔子？有。像我们小的时候读书，有些古板的老师不准我们读《春秋》《左传》，也不准我们看《三国演义》，更不可以看《红楼梦》《水浒传》。他们说《红楼梦》是淫书，黄得不得了，看了就会学坏了；看《春秋》《左传》《三国演义》，你将来会变奸臣了，喜欢用权术智谋。

那么《春秋》记载什么呢？记载"唯时史观"。魏承思老师有一天跟我讨论，他说西方讲唯物史观。我说不对，那是十九世纪的东西，不谈了，世界上的宇宙万有不完全是唯物的。那么唯心史观对不对呢？也不对了。魏老师说那中国的历史是什么？我说是"唯时史观"。你看我们的史书，不把帝王当主体，他的纪年讲甲子、乙丑、丙寅、丁卯……以时间来推算的，这个时间怎么编呢？一个花甲六十年。这唯时的学问很深，你们现在都不懂，暂时不谈。

《春秋》记载了周朝后期二百九十多年的历史，当时中央天子虽没有垮台，但诸侯之间互相吞并，道德沦丧，整个的社会国家都乱了，其间"弑君三十六"，臣子弑侯王的有三十六起；"亡国五十二"，周朝初期分封的八百诸侯相互兼并，到春秋时期所剩无几，到战国后期更只剩下七个较为强大的国家。当时社会呈现这么一个乱象，文化道德丧失到这种程度，《春秋》记录的便是这样的情况。

孔子著的《春秋》，比较说来，是中国第一部创作的历史纲要。其他记录各诸侯国历史的有《战国策》《国语》等，只是笔法不同。我再跟你们讲件事，我们经常看到关公的画像，右手拉着胡子，左手拿着书在看。我说那个画错了，汉朝的书不是这样成册的，是一卷一卷卷起来的，那样就没法拿着看。中国人对关公那么崇拜，不只是他的武功，还有他的学识，深通《春秋》，所以后人称赞他忠义千秋，这是中国文化的精神。全中国的人都崇拜关公，与岳飞不同，这是一句不相干的闲话，顺便讲到的。

但是后世的人有些搞不清楚了，我也常常问专门研究国学历史的年轻同学们，《春秋》讲什么？后世一般学者讲《春秋》是"尊王攘夷"的思想，认为尊王就是尊重王权，专门拥护帝王专政，攘夷就是排斥外来野蛮民族的文化。我说孔子一定不承认这种观念。但是日本人采用《春秋》所谓尊王攘夷的精神，创造了日本明治维新的历史局面。明治维新最特出的代表不是日本天皇，而是宰相伊藤博文，当然维新也不是伊藤博文一个人的成功，但是伊藤博文赢得了历史的盛名。他推崇尊王攘夷的精神，日本因此兴盛起来，把当时美国、英国的力量赶出日本。你们去研究就懂了。

伊藤博文和李鸿章都是一代人物，伊藤博文对中国文化是有研究的，他有两句名言，你们做生意的要懂，搞经济、政治的更要懂。他说"计利应计天下利，求名当求万世名"，讲赚钱利益，不是为个人赚钱，要为天下人赚钱。他做到了，在日本史上流芳百世，不但在日本史上万世留名，在全世界人类史上他也有名。他走的就是这个路线，这是中国文化精神给他的影响。这两句话，你们诸位要记一记。

还有一些人说《春秋》讲三世，三世是根据《公羊传》而来的，所谓衰世，比衰世好的叫升平，升平最后到天下太平。但是天下永远不会太平的。要熟读《春秋》，内容很多，当然首先最好要了解《左传》，兼通《公羊传》《穀梁传》，再兼通《战国策》《国语》等则更好。

——《廿一世纪初的前言后语》

研究历史文化的路线,中心就是"身心性命"四个字

我为什么提这个历史的重要?你们只晓得南老师教我们打坐学佛的,想明心见性,完全狗屁,你们怎么谈得上这个?谁也谈不上这个。我始终有四个字,叫大家做学问要"经史合参",把四书五经、佛经这些古典的学问跟历史合起来研究。我书上也有,平常也讲,谁去用过心啊?譬如你们很多时间读中国古历史,哪个人手上拿着历史在研究啊?

——《二〇〇八新正禅七》

首先,提醒自己的朋友们要注意中国传统文化

究竟是什么？中心是什么？凭我所知的我要给大家讲出来，重点是注重研究中国历史文化的发展，这个很重要。现在中国人不懂自己国家的历史了，包括你们六七十岁的人没有读过历史，你们当然读过一些诸如中国历史概论的书，好像连什么外国史都清楚，但老实讲以我的标准你没有读过历史，"二十四史"你读过吗？大概《史记》只读了一篇，《资治通鉴》只读了一段，你们读的是推翻清朝以后大学里这些老师们写的中国历史概论之类，再不然就是断代地研究，那怎么叫作懂历史？很可怜，很痛苦，在我内心的感觉，是为民族国家悲哀。

所以从这个方面，我要告诉大家研究历史文化的路线，这个路线的中心概括了全体人类的学问，就是"身心性命"四个字。在中国文化的立场来讲，身体活着，包括我们一切众生的身体、心理状况，究竟什么是心？这个活着的身心里只有两个中心，一个性，一个命，究竟中国文化讲明心见性，上古文化讲性是个什么东西？命是个什么东西？所以我在三十岁以前有个结论，当年在四川大学哲学系讲课的时候，我说人类文化只有一个中心，不管宗教、哲学、科学，都围着这四个字在转——身心性命，任何学问如果与身心性命无关是不会存在的，也不能叫作学问，科学、哲学、宗教都围着这个在转。

……

我吩咐大家，尤其是年轻人读书，要读中国正统的历史典籍。清朝以前，有一两部历史论著比较重要，也是中国的历史大纲，一个是《纲鉴易知录》。你看这个书名，"纲"就是历史纲要，还只是大要中的大要。"鉴"，历史是现实人生的一面镜子，历代政治、经济、军事、教育、社会等等的学问都在内。"易知"，容易知道。另一个是王凤洲的《纲鉴会纂》，这两部书写到明朝为止。清朝三百年有《清史大纲》《清鉴》这两本书。正式研究历史不要看那些民国以来的大学者写的什么《中国通史》《中国历史大纲》，这些学者的著作，是以他自己的观点摘录历史，我年轻时就反对。这些人，第一没有做过皇帝，第二没有做过大官，第三也没有做过小官，第四甚至连公务员也不是，他懂什么历史？

没有经验啊！……

另外宋代的一部史书，司马光写的《资治通鉴》，司马光既是大文豪，又是宰相，又是哲学家、大名士，大家喜欢读，我也劝一些文官武将要读这一部书，我说你们读是读，不要想做皇帝，司马光这一部书是写给皇帝看的，让皇帝跟着前朝历史学经验。"资"，帮助做皇帝的条件，这些资料我都给你收集起来；"治"，政治，帮助皇帝统一天下太平，政治的资料。"通鉴"就是大纲、大要，还不是完全详细。所以我劝人家读《资治通鉴》，但是我说你不要忘记，那是给皇帝读的，给做领袖的人读的，它的资料、立场跟《纲鉴易知录》不同。所以读《资治通鉴》和读《纲鉴易知录》的方向是两样的，这些我在十二三岁时就摸得很透了。

——《传统身心性命之学的探讨》

中国的文史哲,历来不分家

    中国人的文化是文哲不分,文化跟哲学不能分开,根本没有单独的哲学,不像西方人单独地分科。中国的文人,文章诗词里头太多的哲学了,文哲不分。同时,文史不分,一个哲学家应该懂历史,历史跟哲学、文学,三位一体,不分家的。再一个,文政不分,一个大政治家,又是哲学家、文学家。这是中国文化的特点。

——《漫谈中国文化》

    中国史上,凡是一个大政治家,都是大诗人、大文学家,我常和同学们说,过去人家说我们中国没有哲学,现在知道中国不但有哲学,几乎没有人有资格去研究。因为我们是文哲不分,中国的文学家就是哲学家,哲学家就是文学家,要了解中国哲学思想,必须把中国五千年所有的书都读遍了。

西方的学问是专门的,心理学就是心理学,生理学就是生理学,过去中国人做学问要样样懂一点,中国书包括的内容这样多,哪一本没有哲学?哪一样不是哲学?尤其文学更要懂了,甚至样样要懂,才能谈哲学,中国哲学是如此难学。

譬如唐初有首诗,题名《春江花月夜》,有句说:"江上何人初见月?江月何年初照人?"与西方人的先有鸡还是先有蛋的意思一样,但到了中国人的手里就高明了,在文字上有多美!所以你不在文学里找,就好像中国没有哲学,在中国文学作品中一看,哲学多得很,譬如苏东坡的词:"明月几时有?把酒问青天,不知天上宫阙,今夕是何年?"不是哲学问题吗?宇宙哪里来的?上帝今天晚上吃西餐还是吃中餐?"不知天上宫阙,今夕是何年?"他问的这个问题,不是哲学问题吗?所以中国是文哲不分的。此其一。

文史不分：中国历史学家，都是大文学家，都是哲学家，所以司马迁著的《史记》里面的八书等等，到处是哲学，是集中国哲理之大成。此其二。

文政不分：大政治家都是大文豪，唐代的诗为什么那么好？因为唐太宗的诗太好了，他提倡的。明代的对联为什么开始发展起来？朱元璋的对联作得很不错，他尽管不读书，却喜欢作对联。有个故事，朱元璋过年的时候，从宫里出来，看见一家老百姓门前没有对子，叫人问问这家老百姓是干什么的，为什么门口没有对子。一问是阉猪的，不会作对联。于是朱元璋替他作了一副春联："双手劈开生死路，一刀割断是非根。"很好！很切身份。唐太宗诗好，大臣都是大文学家，如房玄龄、虞世南、魏徵，每位的诗都很好。为什么他们没有文名？因为在历史上，他们的功业盖过了文学上的成就。如果他们穷酸一辈子，就变文人了，文人总带一点酒酿味，那些有功业的变成酿酒的了。像宋代的王安石，他的诗很好，但文名被他的功业盖过了。所以中国文史不分、文哲不分、文政不分，大的政治家都是大文学家。我们来一个老粗皇帝汉高祖，他也会来一个："大风起兮云飞扬，威加海内兮归故乡。"别人还作不出来呢！不到那个位置，说不定作成："台风来了吹掉瓦，雨漏下来我的妈！"所以大政治家一定要具备诗人的真挚情感。换句话说，如西方人所说，一个真正做事的人，要具备出世的精神——宗教家的精神。此其三。

——《论语别裁》

我经常说，研究中国思想史的，必须要懂诗词。我们中国文化同外国不同，我们是文哲不分，也就是诗词文章同哲学思想几乎分不开；文史不分，文学同史学也几乎分不开；再加一个观念就是文政不分，所以文学、哲学、历史、政治，都有关联，浑然一体，分不开的。

我们研究中国哲学思想史，如果不懂诗词的话，简直没有办法深入。一般那些读了诸子百家来写中国哲学思想史的，可以说只知道中国哲学思想三分之一的史的部分，而三分之二都还在诗词史学里头。因为中国读书人，作诗不像外国人；外国一个哲学家，一个诗人，都是专门的，是专业化。中国过去读书，第一次考的是童子试，就是考功名第一步，先作对联和诗，如果作不来的话，第一考已经考不取了，所以作诗是一个普通的事。当中国人说到某人是诗人时，就代表那个家伙很穷，穷而后工，人穷才有好诗作出来。外国的诗人可不一样了，观念是不同的。

——《孟子旁通》（下·离娄篇）

了解国家未来，一定要中西历史互参

今天研究历史，你要了解国家看到未来，一定要把西方历史跟中国历史对照着看。

比照中西历史研究，就会发现，一个世纪一百年之中，东半球的中国人做了一些什么事，西半球也做了一些什么事；这里出了这样一个人，那边也出了那样一个；这边出了一个汉朝，那边出了一个罗马帝国；这边怎么变乱，那边也怎么变乱，全世界一样。慈禧太后的时候，韩国是明成皇后，英国是伊丽莎白女王，我说那是阴气鼎盛的时候，女人统治了世界上这些男人（众笑）。后来阴气没有了，出来些男的英雄，闹了几十年。现在，旧的英雄好像老去了，新的英雄好像没有生，不晓得这个时代怎么变化，很想看看人物，看不到了。

——《南怀瑾讲演录》

我常常想做一个研究，恐怕一百多年来没有人做过的，就是以一个世纪为单位倒推回去，譬如推到老子、孔子、释迦牟尼、苏格拉底那个时代的前后一百年，看看当时西方出现什么人、什么思想，东方又出现什么人、什么思想，就会发现东西方的情况几乎是相同的。所以古人有两句话——"东方有圣人，西方有圣人，此心同，此理同"，道理都是一样的。我也活了九十多岁，看到这整个一百年，很想把东西方做一个对比。一般学者没有严格地讨论过这个问题，诸位都是全国现代的菁英，希望能真正读书研究做这一件事。

刚刚跟你们诸位见面以前，见了一个北京的老朋友。他的年龄不小，地位也颇高，他说他们也读了很多书。因为是好朋友嘛，我就直说你们根本没有读书，你们都在读外国人讨论中国人的书，但没有深入研究学问。他就笑了。当然我指出很多的理由，其中也牵涉了今天的问题。

我讲这个题目时，想起古代一位诗人元遗山，他是金朝的大名士，而金朝亡于元朝。在元朝统一中国这个阶段，他有两句诗："百年世事兼身事，樽酒何人与细论。"他说一百年当中，世界上以及个人家庭一切的事情，其是非利害的关键，没有对象可讨论。他的诗引起我很多的感慨。

为了使大家容易研究何谓"中学为体，西学为用"，我可以把结论先提到前面来讲。我们这一百多年来，用的都是西方的学术，没有真正用过自己的文化学术，这是很奇怪的事。我们推翻清朝至今只有九十七年，跟我的年龄差不多，这段历史我不但听过、见过，甚至都亲身经历过。我常常说笑，我这个头从十九岁开始就有很多人想要了，不敢想象到现在还活着，好奇怪！所以我们经历过的艰难困苦，跟诸位同学的经验是完全不同的。你们许多是出国留学回来的，你们的运气好，一帆风顺啊！

十九世纪到二十世纪是整个阴气很盛的时期，

很多国家是女人领导的，英国的伊丽莎白、中国的慈禧太后、韩国的明成皇后，还有二十世纪末期印度的甘地夫人等。

这百年当中的著名人物，先从西方开始，法西斯的墨索里尼怎么起来，那时我只有十几岁啊！当时流传过来的西方文化，如所谓意大利文艺复兴的后三杰——达·芬奇、拉斐尔、米开朗基罗，对我们震撼很大。接着是德国的希特勒、英国的丘吉尔、法国的戴高乐，然后一直到日本军阀一齐起来了，加上中国的蒋介石、毛泽东，这一百年间的人物，男男女女，很可观，这是讲大的。其次，第三四流的英雄豪杰也不少，但是，"而今安在哉"？新的时代会出来什么英雄人物？还没有看到，二十一世纪究竟如何也不知道。十九世纪末有那么多人，比三国时代、春秋战国还混乱，而东西方文化的冲击又那么严重。这都是在一百年之中的事。

上推回去一百多年做对照，西方出了马克思的理论，中国有没有人呢？有啊！大家没有太注意，勉强可以对比的是嘉庆时期的龚定盦。他是上海人，也是当时的一个怪人，文章很特别，思想也很特别。龚定盦和魏源、林则徐他们有关联，后来之所以有林则徐烧鸦片、发生鸦片战争，是他们这一班人的思想所造成的。现在影印龚定盦的文章《乙丙之际箸议第九》发给大家，他的文章蛮古怪的，很值得看，他发表的理论影响了那个时代。我来不及逐字跟大家解释，希望大家回去研究。

——《廿一世纪初的前言后语》

在两千多年前，这个阶段奇怪得很，东西两方都出了圣人。中国有老子、孔子，印度有释迦牟尼，欧洲有苏格拉底，这个阶段是出圣人的阶段。差不多在同一个世纪当中，像太阳一样，白天从东方升起，晚上就到了西方。我们现在是二十一世纪，如果拿这个观点去研究一百多年来世界的历史，那是非常有趣的。

我们现在叫这些古人为圣人，在我的观点看来，凡是时代最乱、最衰败的时候，就会出圣人。所谓圣人也不过是时代的医生，整个时代有病了，就会出现了不起的人做医生，治时代的病，也是治人类的病。我这个观点差不多是个定律了。再回过来看东西方的历史文化，一个时代衰乱到极点就会出圣人，出现了不起的人。其次就出英雄，英雄比圣人差多了，英雄是征服世界，虽然也有安定的作用，但不及圣人，不是根本之道。圣人不想征服世界，只想使世界人类能够平安。

——《廿一世纪初的前言后语》

这个时代正是"废兴存亡"的关键

有四个字要特别注意,"废兴存亡",我们研究历史哲学,要特别注意这四个字,中国文化经常用四个字连贯,譬如"循环往复",譬如佛家的"生老病死",都是四个字。这些观念,都是从《易经》阴阳生四象的观念来的,是四个现象。宇宙间本有两个现象,动静、是非、善恶、好坏、明暗,都是相对的。这是形而下的宇宙一切相对的动态;再分化就有四个现象,所以叫四象。它的代号叫作阴阳,就是太阴、太阳、少阴、少阳这四个现象,所以先讲这四个字的来源。

历史有"废兴存亡",但是超过了这四个字呢?

那就是文化的力量了。整个的宇宙,历史的生命是永恒的存在,"废兴存亡"只是四个现象而已。譬如现代大家非常担心中国文化的问题,你们放心,文化目前不是"存亡"的问题,现在只不过是"废兴"的问题,是一半倒霉的时候,不是断绝的时候。所以"废兴存亡"四个现象,仔细研究起来,意义绝对不同。

当一个历史的时代,或者是一个国家政权倒霉的时候,衰败一点是"废";但是它会复"兴",历史的记载也是这样。至于谈到"存亡"就非常严重了,我们举例来说,《论语》中孔子提到过,他说一般落后地区,没有文化的,但是也有文明,文明跟文化这两个观念不同。孔子说文化落后地区的文明,还不如亡了之后的夏朝;夏朝虽然亡了,它的文化永远千秋存在。像我们中国人,到现在沿用的,很多都是夏朝的文化,譬如过阴历年,这是夏朝的文化;过清明等,是夏朝跟周朝联合起来的文化。因为夏朝以阴历的正月为正月,周朝是以我们阴历的十一月当正月,商朝是以我们阴历的十二月当正月。我们现在还喜欢过阴历年,这是几千年文化的根,变不了的。

所以我经常说,看文化的"废兴存亡",就可以看到文化的力量,研究起来,科学哲学的问题很大了。譬如我讲到《易经》的文化,中国人过年门口贴一个"三阳开泰",很多年前在台湾,《易经》没有太提倡的时候,有人写成"三羊开太",好像吃火锅,要太太来开似的。

"三阳开泰"怎么来的呢?那是八卦,是一画一画来做代表的,也与二十四节气有关。阴历的十一月就是子月,子月有一个节气叫作"冬至",冬至一阳生,画卦是一个阳爻,就是地球吸收了太阳的热能,到了地心,地面上很冷,地心里开始有一个热的阳了,所以冬至后井水是温热的。到了十二月是二阳生,到了正月就三阳生,所以叫作三阳开泰。为什么叫泰卦呢?上面是三个阴爻,代表是坤卦,坤是地;下面这三笔阳爻,代表天,是地天卦,这个卦名叫《地天泰》,所以正月是三阳开泰。到了二月阳能从地气又上升,这个卦又变了,叫作《雷天大壮》。我们介绍这个是说明夏朝文化的存在,所以说，文化是超越了"废兴存亡"的范围。

讲到"废兴存亡"四个字，我们看中华民族几千年的历史，它所有的阶段，拿佛学的名词来讲，只不过是分段生死，也就是"废兴存亡"而已；而这个民族的文化是永恒不断、绵绵不绝的。所以我们要由这个精神去了解自己的文化，自己的历史。尤其是青年同学们注意，这个时代正是"废兴存亡"的关键，只是年轻人挑不起这个"废兴存亡"的担子，但是也不可被历史的演变压倒而失去信心。

刚才我来上课前，正好看到菲律宾的侨领在电视台讲，过去华侨在外面以中文为主，现在因为英文流行了，年轻的学生对中文都不重视了。这是个大问题，当时我就有一个感想，重视不重视是看我们自己民族站不站得起来，中华民族真站得起来，照样会受重视。这也是"废兴存亡"的问题，不要因偶然一段的悲哀，自己就垮下去了，这不是我们的精神。所以关于"废兴存亡"的问题，一定要认识清楚。

——《孟子旁通》（下·离娄篇）

图书在版编目（CIP）数据

南怀瑾妙解《史记》：原来《史记》要这样读/南怀瑾讲述；南怀瑾文教基金会编. —北京：东方出版社，2024.10
ISBN 978-7-5207-3937-5

Ⅰ.①南… Ⅱ.①南…②南… Ⅲ.①《史记》 Ⅳ.①K204.2

中国国家版本馆CIP数据核字（2024）第084354号

南怀瑾妙解《史记》：原来《史记》要这样读
（NANHUAIJIN MIAOJIE SHIJI: YUANLAI SHIJI YAO ZHEYANG DU）

作　　者：	南怀瑾
编　　者：	南怀瑾文教基金会
责任编辑：	刘天骥　张莉娟
责任审校：	曹楠楠
出　　版：	东方出版社
发　　行：	人民东方出版传媒有限公司
地　　址：	北京市东城区朝阳门内大街166号
邮　　编：	100010
印　　刷：	鸿博昊天科技有限公司
版　　次：	2024年10月第1版
印　　次：	2025年1月第3次印刷
开　　本：	787毫米×1092毫米　1/32
印　　张：	9.375
字　　数：	124千字
书　　号：	ISBN 978-7-5207-3937-5
定　　价：	58.00元
发行电话：	（010）85924663　85924644　85924641

版权所有，违者必究
如有印装质量问题，我社负责调换，请拨打电话：(010)85924602　85924603